DEGREDADO FILHO DE EVA

UM EX-PADRE NO DIVÃ

Catalogação na Fonte
Elaborado por: Dayanne Leal Souza
Bibliotecária CRB 9/2162

N778d
2025

Nogueira, Edney Menezes
Degredado filho de Eva: um ex-padre no divã / Edney Menezes Nogueira. - 1. ed. - Curitiba: Appris, 2025.
202 p. ; 23 cm.

Inclui referências.
ISBN 978-65-250-8665-1

1. Psicanálise. 2. Sacerdócio. 3. Depressão. I. Nogueira, Edney Menezes. II. Título.

CDD - 150.195

Appris editorial

Editora e Livraria Appris Ltda.
Av. Manoel Ribas, 2265 - Mercês
Curitiba/PR - CEP: 80810-002
Tel. (41) 3156 - 4731
www.editoraappris.com.br

Printed in Brazil
Impresso no Brasil

EDNEY MENEZES NOGUEIRA

DEGREDADO FILHO DE EVA

UM EX-PADRE NO DIVÃ

artêra
editorial

Curitiba, PR
2025

Tu és sacerdote para sempre segundo a ordem de Melquisedec.

Sl 109(110)

GRATIDÃO

Eu sempre considerei a gratidão um sentimento um tanto ambíguo, pois, se de um lado ela demonstra a nobreza de espírito daquele que se sente grato, do outro, pode criar entre o agraciado e o agraciador um laço no qual o primeiro se veja em relação ao segundo moralmente "obrigado" e, portanto, moralmente constrangido a uma relação de submissão. De todo modo, permanece válido o provérbio popular que diz: "A ingratidão tira a afeição", e outra coisa não faz se não revelar a alma pequena e mesquinha do ingrato. A ingratidão não liberta, exila!

Reconhecer o bem que o outro nos faz é nobre. Querer a todo custo retribuir-lhe é orgulho. A gratidão, pela sua própria natureza, não pode se constituir em ocasião de humilhação para aquele que recebeu a graça, nem de vaidade para aquele que agraciou. "Não saiba tua mão esquerda o que faz tua direita" foi o ensinamento daquele que tudo fez pela humanidade.

Assim sendo, quero manifestar minha gratidão na liberdade de quem reconhece todo o bem recebido por parte de Deus, de Sua Igreja, de minha família, de meus amigos, e de todos os que passaram por mim e deixaram a indelével marca generosa de suas presenças.

APRESENTAÇÃO

Esta não é uma história real. O padre Epifânio, personagem principal desta ficção, cujo nome mais eloquente não poderia encontrar – "manifestação do ser" – dará voz no divã a muitas angústias. Trata-se de uma voz que poderia ser de qualquer sujeito que tenha passado pela experiência da renúncia do sacerdócio e tenha tido a oportunidade de refletir tais questões à luz da psicanálise.

Com este livro, proponho-me a discutir questões que se entrelaçam entre a teoria e o método psicanalítico, e o mítico universo do sacerdócio católico, principalmente quando este se encontra em crise e seus fundamentos (chamado, renúncia, celibato etc.) são colocados sob suspeita.

A depressão, tema transversal nesta obra, que a princípio poderia ser considerada a causa do fracasso sacerdotal de Epifânio, ao ser observada de perto, não apenas como um caso clínico, mas sobretudo como consequência do despertar de uma consciência do sujeito frente ao seu ser-no-mundo, poderá revelar-se efeito de uma construção existencial que, a princípio silenciosa, findará ecoando como uma voz bradante no vazio de um sujeito que, ao se dar conta de suas frustrações, vê-se falido e impedido de seguir adiante por uma estrada que não o levará a lugar algum.

Por fim, a figura do analista também será posta e apresentada fora de seu mítico espaço, de "homem de um saber profundo sobre o outro", quando personificada no personagem do doutor Sócrates, que também vive seus dramas existenciais e, não raramente, se vê espelhado em seus próprios pacientes e, de forma muito particular, em Epifânio, pois por meio dele ver-se-á interpelado em seu ateísmo ressentido.

O autor

SUMÁRIO

INTRODUÇÃO

Este livro poderia facilmente se tratar de minha lúcida esquizofrenia. Não nego, admito que tenho nutrido um desejo de sentar-me comigo mesmo à mesa, ou à sombra de uma árvore que fosse, olhar-me nos meus olhos e perguntar-me: Quem és tu afinal? Qual é o teu desejo? Por que sentes as coisas que sentes? Por que fazes as coisas que fazes? Como te tornastes isso que tu és?

Perguntaria "Quem és tu?" e não "Quem sou eu", pois a sensação que tenho é de que existe um "outro" em mim desconhecido. Arriscaria dizer, parafraseando o filósofo da "loucura", que existem em mim vários de mim e o quanto me cansa ser essa "metamorfose ambulante", que se repete em um ciclo interminável de ser sempre o mesmo.

Mas não se trata disso. Já tentei ter essa conversa, mas me nego, me recuso, me esquivo e me escondo. Mas tudo bem, isso não é um problema, afinal de contas, coisa perigosa é o saber. Ele nos compromete e, pasmem, nem sempre é libertador. Sim. Às vezes ele é frustrante. Bobagem. Liberdade é uma "psicose"; coisa de gente doida, sem juízo e sem vergonha. Se nela alguém despreparado se aventura, logo é capturado pela culpa, carrasco das consciências.

Como é bom não saber! Santa ignorância, rogai por nós! Como é bom ter fé, acreditar, esperar, confiar e defender o que nos deram e nada criar, não tentar, não se aventurar, se configurar e repetir sempre o que já deu errado e, de tanto errar, é o único acerto que temos. "Ideologia, eu quero uma pra viver", cantando nos disse Cazuza.

Do que se trata então? Não do que, mas de quem. De Epifânio. De quem sente a dor de existir. De quem repete e se repete, se entristece e se recusa a ser. Daquele que foi atravessado pelo desejo do outro, que cresceu à sombra do "tu deves e do tu não deves", e se não o "fazes, é porque não mais me amas. Acaso não fui eu que te dei tudo? Não dei o que tu és? Não estás satisfeito? Tu és ingrato!"

Trata-se da história de Epifânio, ou melhor, do padre Epifânio. Mas não de toda a história, não irei contar tudo, apenas uma parte dela, a que parte de um vazio – ou de um fracasso, se fracasso for o que se considera despertar-se para a realidade, a dura realidade de quem se viu envolto nas tramas do viver, sentindo-se lançado na existência como um caco de telha lançada ao rio, só para deleite do lançador, que se envaidecerá quanto mais longe o caco for, fazendo suas ondas na superfície.

Então, não da esquizofrenia, mas da neurose, da boa e velha neurose, que, para lidar com realidade cruel, recorre à "fantasia" – disso sim trata-se este livro. É fruto da fantasia. E, é claro, não sejamos tolos pensando que a fantasia seja uma negação ou contraposição à realidade, mas ao contrário, ela é instrumento de compreensão e explicação da realidade. Graças a ela nos revelamos e a ela irei recorrer para falar de uma história, que poderia ser a minha história, mas, como já disse, é parte da história de Epifânio.

Estando assim as coisas, deixo claro que este livro traz como objetivo refletir, sob a ótica do divã[1], o drama vivenciado por Epifânio, que, diagnosticado com depressão, também viu seu sacerdócio ruir. Coube a mim tal tarefa, talvez, pelo fato de ser um elo entre ele e seu analista, uma vez que conheço ambos muito bem, ou por ter vivenciado uma experiência semelhante à de Epifânio e, hoje, estar em uma posição próxima à de Sócrates. Todavia, não creio ter sido uma boa escolha, pois sou péssimo em contar histórias[2] e, às vezes, me perco nos detalhes, sem contar que tenho a mania de prolongar a conversa, dando rodeios e com a excessiva preocupação de ser compreendido.

A finalidade deste livro é poder compartilhar com algumas pessoas, principalmente com aquelas que acompanharam de perto Epifânio durante sua formação e atuação como padre, mas também com todos os que se interessarem pelo assunto, a angústia e o drama que acompanham a dolorosa decisão de quem precisa, por motivos diversos, se afastar do ministé-

[1] Compreenda-se não como um objeto ou instrumento utilizado no *setting* analítico, mas como sendo o próprio processo de análise.

[2] Já tentei por diversas vezes contar a minha, mas, quando me vejo perdido nas palavras, logo desisto.

rio sacerdotal. Falarei, portanto, com muita franqueza sobre o declinar do sacerdócio desse amigo. Tentarei mostrar como Epifânio foi capaz de poder afrontar sua falência como padre na perspectiva do divã.

Desde que ele foi diagnosticado com depressão e iniciou um tratamento psiquiátrico, que se estende até os dias atuais, tem também frequentado sessões de terapia. Começou fazendo com um profissional que seguia a linha da psicologia positiva e, apesar de toda a competência dele, a técnica parecia surtir pouco efeito sobre Epifânio. Até que, por sugestão de seu próprio psiquiatra, ele iniciou sua jornada analítica e, mesmo com toda a resistência por ele imposta nas sessões de análise, aos poucos, foi se encontrando.

Epifânio sempre teve um gosto refinado pela leitura. Homem de espírito inquieto, acabou se identificando com a filosofia pós-moderna, principalmente os existencialistas. Possui, é verdade, pouca leitura sobre Freud, mas aproveitou a oportunidade de estar em análise e começou a ler a respeito do pai da psicanálise. E, como não poderia ser diferente, acabou sendo atraído pelas suas teorias.

Freud certamente é um pensador intrigante. E falar de um pensador com sua estatura intelectual é, certamente, um desafio a qualquer pesquisador. Como não dedicarei um capítulo para falar sobre ele, permitam-me então dedicar algumas linhas. A primeira coisa que podemos afirmar sobre ele é que se trata de um pensador que ultrapassou os limites do convencional. Sua genialidade, como escreveu Juan-David Nasio: "Está em haver compreendido que, para aprender as causas secretas que movem um ser, que move este outro que sofre e a quem escutamos, é preciso primeiro e acima de tudo descobrir estas causas em si mesmo"[3].

Homem mergulhado nas questões de seu tempo e, no entanto, como é próprio das grandes mentes, enxergou muito mais longe que seus contemporâneos, o que lhe foi causa de perseguições e incompreensões. Sua marca indelével permanece sempre atual e contribui, todavia, para a compreensão do homem e da sociedade hodierna. Como bem afirmou Battista Mondin: "É possível afirmar que, mesmo passados tantos anos de sua morte, sua figura permanece ainda central e decisiva, apesar das inúmeras escolas que carregam seu nome"[4].

---

3 NASIO, J-D. **O Prazer de Ler Freud**. Rio de Janeiro: Jorge Zahar, 1999. p. 12.

4 MONDIN, B. **Storia dell'Antropologia Filosofica**. Bologna: ESD, 2002. v. 2. p. 232.

Nascido em 1856, na Moravia, de família judaica, Sigmund Freud estudou Medicina em Viena e formou-se no ano de 1881. Em 1885, conseguiu a livre docência especializando-se em Neuropatologia e, por muitos anos lecionou na Universidade de Viena até ser exonerado do cargo por nazistas. Atraído pelas teorias de Jean-Martin Charcot, Freud foi a Paris. Lá, ficou impressionado com a prática da hipnose, utilizada pelo médico parisiense, para explicar a histeria. Charcot acreditava que a histeria tinha como causa as alterações psicológicas e, por meio da hipnose, o fenômeno poderia ser invertido. Em 1889, com o intuito de aperfeiçoar sua técnica hipnótica, Freud foi para Nancy. Ao retornar para Viena em 1894, aproximou-se de Josef Breuer, que foi seu mentor. Em 1895, Freud e Breuer publicaram os *Estudos sobre a histeria*, sustentando que o sujeito histérico, em estado hipnótico, volta à origem do trauma.

Assim, em parceria com Breuer, Freud fundou a psicanálise, que, nas palavras de Giovanni Reale e Dario Antiseri: "No curso de poucas décadas, estava destinada a exercer enorme e sempre mais maciça influência sobre a imagem do homem, suas atividades psíquicas e seus produtos culturais"[5].

A psicanálise promoveu uma "revolução copernicana"[6] no conceito de homem, pois ela não comunga com a sedimentada ideia filosófica de que o homem é um animal racional. É um golpe no cartesianismo antropológico. Para a psicanálise, o sujeito não é uma realidade tão clara e tão óbvia. Segundo a psicanálise, o sujeito é constituído por afetos que, estando a nível inconsciente, determinam suas ações. Assim, Freud introduziu a ideia de afetos inconscientes. E são esses afetos que constroem a verdade existencial do sujeito, de forma que a psicanálise é uma teoria do sujeito e este não pode ser compreendido em sua totalidade, pois ele não cabe em uma teoria. No entanto, Freud pretendia alcançar a subjetividade humana, ou seja, a pessoa enquanto sujeito da dor e do prazer; das angústias e inquietações; do amor e do ódio; das demandas e do desejo. A psicanálise, todavia, além de ser esta teoria do sujeito, de sua estrutura, é também um procedimento de investigação dos processos mentais; um método para o tratamento dos distúrbios neuróticos.

---

5 REALE, G.; ANTISERI, D. **História da Filosofia**. 6. ed. São Paulo: Paulus, 2003. v. III. p. 918.

6 O termo aqui usado, a saber, "revolução copernicana", é uma analogia às consequências das teorias de Copérnico em relação à posição da Terra no universo e no sistema solar.

Além dessa "revolução copernicana" no campo da Antropologia, que deslocou o racionalismo para uma dimensão mais periférica no tocante à concepção humana, a psicanálise constituiu literalmente, segundo as palavras do próprio Freud, "a terceira afronta, de natureza psicológica [...]"[7] no narcisismo da humanidade, ao demonstrar que "o Eu não é senhor em sua própria casa"[8]. As outras duas afrontas, ou como se lê em outras traduções, feridas narcísicas, são justamente aquelas provocadas pelas teorias de Nicolau Copérnico, que Freud chamou de "afronta cosmológica"[9], e as teorias de Charles Darwin, que ele chamou de "afronta biológica"[10]. Um ferimento narcísico equivale a uma ferida no "Ego", uma decepção do "Eu" consigo mesmo, o que lhe é ocasião de grande dor e, paradoxalmente, constitui também ocasião de crescimento do sujeito.

A teoria, assim como o método psicanalítico, nasce da observação dos fatos, sobretudo dos fenômenos históricos que, observados de perto, levaram o cientista a uma particular interpretação da vida psíquica do sujeito e a um método de tratamento dos estados morbosos de caráter psíquico. Pois a teoria psicanalítica admite e afirma a existência de uma realidade inconsciente autônoma em relação à consciência. E essa realidade inconsciente presente no sujeito é de uma força tal que determina seus próprios atos. Não é mais a consciência que controla e harmoniza os afetos e impulsos do sujeito, mas sim essa realidade inconsciente que age a todo momento ao ponto de se tornar o pressuposto causal dos próprios atos ditos conscientes. Assim sendo, a psicanálise se torna a ciência dos processos psíquicos inconscientes.

Homem da ciência, como era de se esperar, Freud sofreu as incompreensões de seus coetâneos, não apenas por apresentar teorias controversas, tais como a sexualidade infantil, mas por lançar luzes sobre a hipocrisia de uma sociedade construída sob os pilares do machismo e do moralismo. Consciente do impacto que sua obra causaria na sociedade vitoriana e burguesa, a seu respeito ele mesmo escreveu: "Quem, como eu, desperta os piores demônios

---

[7] *Cf.* FREUD. S. Uma dificuldade da psicanálise {1917}. *In:* FREUD. S. **Obras completas (1917-1920)**. Tradução de Paulo César de Souza. São Paulo: Companhia das Letras, 2019. v. 14. p. 246.

[8] *Ibidem*, p. 250-251.

[9] *Ibidem*, p. 245.

[10] *Ibidem*, p. 246.

que, imperfeitamente domados, habitam o peito humano, a fim de combatê-los, tem de estar preparado para não sair ileso dessa luta"[11].

Muito se tem escrito sobre a pessoa icônica de Freud e sobre a importância e o impacto da psicanálise na história do pensamento, da cultura e da clínica, porém voltemos nossa atenção agora ao propósito deste livro.

E a fim de ser o mais justo e honesto possível em minha missão, irei narrar as cenas acontecidas no *setting* analítico, reproduzindo as falas do analisando e seu analista, até onde puder me recordar ou a ética não impor seus limites. Todavia, como não tenho sangue de barata, mesmo não sendo um teólogo propriamente dito, um filósofo ou um renomado psicanalista, não deixarei de fazer meus comentários e minhas interferências no texto. E se alguém estiver se perguntando como sei das coisas que irei narrar, dado que *setting* analítico é um espaço sagrado de confidência, só posso responder que eu sei exatamente do que eu deveria saber, nem mais, nem menos.

E a propósito do analista em questão, se chama Sócrates, possui sólida formação na área de Filosofia e Psicanálise, bem como longos anos de experiência clínica. Digo isso porque, mesmo se declarando ateu, e costumo dizer que o seu ateísmo é um ateísmo de ressentimento, isso não constituiu ocasião de impedimento para que ele atendesse o padre Epifânio que, mesmo renunciando ao seu sacerdócio, não renunciou à sua crença nem a seus princípios religiosos.

Quando digo que o ateísmo de Sócrates é um ateísmo ressentido, é porque ele teve uma educação de base católica, graças à sua mãe, e chegou a receber os primeiros sacramentos da vida cristã, bem como participou de grupos na Igreja durante sua adolescência, até o falecimento de sua mãe, coisa que lhe fez repensar o sentido da vida e os valores religiosos. "Deus não ama todos por igual, ele tem seus preferidos e queridinhos", dizia ele.

Segundo o nosso analista, nada nos aproxima tanto de Deus quanto o medo e a necessidade, instintos primordiais que levaram ao homem a uma aventura metafísica em busca do sobrenatural. O medo é um instinto muito primitivo. De fato, temos medo daquilo que não conhecemos, daquilo que não compreendemos e daquilo que foge ao nosso controle. Temos medo da falta de sentido, da solidão, do abandono e da rejeição.

[11] FREUD, S. Análise fragmentária de uma histeria (O caso Dora, 1905 {1901}). *In*: FREUD, S. **Obras completas (1901-1905)**. Tradução de Paulo César de Souza. São Paulo: Companhia das Letras, 2016a. v. 6. p. 304.

Ele costuma dizer também que foi a consciência de si, de sua precariedade e insuficiência que levou o homem a intuir a existência dos deuses ou criá-los como ideia amparadora. Diante do movimento do universo, e sem compreender os fenômenos que aconteciam ao seu redor, o homem primitivo aos poucos foi ganhando a consciência de si. Primeiro, veio a consciência do mundo e sua realidade desconhecida; depois, a consciência de si e seu medo diante do desconhecido; e, por fim, a consciência de si no mundo, ou seja, seu sentimento de insegurança, pequenez e fraqueza.

Diante de sua impotência frente à natureza, o homem, em seus primórdios, acreditou que existiam seres superiores a ele que controlavam todas as coisas e tudo governavam segundo suas vontades. Também acreditaram que, se aproximando desses seres e com eles estabelecendo uma relação de subordinação, ganhariam deles o agraciamento da proteção. Assim, nasceram os ritos religiosos. Eles surgiram como forma de aproximação entre os homens e os deuses. Esses rituais, chamados de liturgia, nada mais eram do que a tentativa dos homens de agradar os deuses ou exercer sobre eles um certo controle.

O medo, a insegurança, a necessidade de proteção, mas também de afeto, levam as pessoas a estabelecerem relações de dependências e, na maioria das vezes, tentando agradar o outro, criam rituais, liturgias e comportamentos subservientes. O medo da solidão e de não serem amadas faz com que pessoas fiquem presas a relações tóxicas e, muitas vezes, relações abusivas. Quem não consegue encontrar uma ordem na própria existência, um sentido para a própria vida ou um propósito para o sofrimento não se liberta do caos, do medo nem da carência.

É interessante notar que cada divindade representava uma força da natureza, bem como uma necessidade particular do homem. É como se cada deus fosse uma projeção do desejo humano. O homem projeta o "Outro" de acordo com seu desejo. Inclusive as religiões monoteístas, tais quais o judaísmo e o cristianismo, apresentam Deus como sendo o provedor e o protetor. Deus libertou Seu povo, proveu o pão, a água e a proteção. Deus é o que o homem deseja, diria Ludwig Feuerbach, filósofo alemão.

Mas não vou me estender nesse assunto. Porém, a fim de evitar maiores frustrações por parte do leitor. Antes de encerrar esta introdução, gostaria de esclarecer alguns pontos:

- farei comentários acerca de temas e conceitos fundamentais da teoria e da prática psicanalítica freudiana, sobretudo, mas não tenho a pretensão de escrever um livro que venha a servir de manual ou mesmo de uma introdução aos temas da psicanálise. Que isso fique bem claro;
- o mesmo deve ser dito em relação à teologia. Meus comentários e minhas opiniões, mesmo recorrendo com certa frequência a citações bíblicas, estão longe de se tratar de uma reflexão teológica;
- não sendo uma obra de caráter acadêmico, em sentido estrito, a fundamentação teórica não acompanhará o mesmo rigor que teria se a finalidade do livro fosse servir de manual;
- assim, mesmo fazendo recurso a citações de autores renomados no campo da psicanálise, bem como citações das obras do próprio Freud, estas serão de natureza modesta;
- as sessões não seguirão uma ordem cronológica, e sim temática, de forma que este livro é apenas um recorte que compreende algumas sessões e a posterior não sucedeu necessariamente a anterior;
- sendo um recorte de um processo muito mais amplo e complexo, entenderei a sensação de frustração se o leitor, ao final deste livro, perceber que não houve um fechamento do ciclo, ou uma conclusão, mas, ao invés disso, novas dúvidas e novas perspectivas surgiram;
- na análise não há como saber quando um processo chegou ao final ou se um determinado tema foi de fato esgotado. Ao lidar com o sujeito e não com um determinado diagnóstico, a análise não é um processo para se fechar ciclos, mas para compreendê-los dentro de uma rede de significados e, assim, poder entender seu papel em nosso quadro de sofrimento;
- alguns nomes de pessoas e de lugares serão omitidos propositalmente;
- por fim, insisto que leiam as notas de rodapé, pois nelas estarão pistas, conceitos ou explicações sem os quais uma fala ou uma afirmação poderá parecer incompleta ou até mesmo confusa.

Com esses esclarecimentos introdutórios, espero ter remanejado a expectativa do leitor a uma dimensão menos exigente, que possa corresponder à minha modesta proposta. Não irei aqui desvendar um grande mistério e não esperem encontrar uma história de suspense. Não usarei técnicas de aguçamento da curiosidade nem mesmo apresentarei o *setting* analítico como um seriado do tipo *CSI*, até porque não corresponderia à realidade de um processo de análise.

Também, e isso devo dizer a título de esclarecimento, apesar de muitos pensarem se tratar de uma obra autobiográfica, não é. Portanto, não tentem me encontrar em um dos personagens, pois não estarei neles. No entanto, isso não significa dizer que não existam traços de mim, ou da minha história, nos personagens deste livro. E não poderia ser diferente. Todos deixam algo de si naquilo que fazem. Mas se alguém insistir em me enxergar neste livro, dou a dica: sou o narrador. Por outro lado, peço aos que participaram e ainda participam de minha história que não façam um esforço para se enxergar ou se identificar com alguns dos personagens aqui citados, pois esta não é a minha história com vocês, é a história de Epifânio, ou melhor, de uma pequena parte dela que coube no divã do doutor Sócrates.

Do mais, peço clemência à minha forma simplória de escrita, pois, não sendo poeta, tenho imensa dificuldade de transformar a dor em arte. Um livro deveria ser arte, mas este não o é.

CONTINUE A NADAR

O padre Epifânio tinha acabado de se despedir dos últimos paroquianos que ainda restavam no pátio e, fechando o portão da Igreja, podia enfim se dirigir para a casa paroquial e ter seu merecido descanso, após sua intensa jornada dominical de celebrações nas capelas e na matriz. Existiam dois acessos para a casa paroquial: por um deveria dar a volta no quarteirão ladeando o muro da paróquia e entrar pela porta da frente e o outro cortava caminho pela sacristia. Ele preferiu o caminho mais curto, evidentemente, até porque coube a ele desligar as últimas luzes do presbitério.

Ao apagar as luzes, ele permaneceu imóvel por alguns segundos, olhando para uma pequena lâmpada vermelha cuja luz opaca tremulava na escuridão, indicando a presença de Jesus Sacramentado. "Boa noite, meu Senhor", disse ele, virando as costas e saindo. Fechando a porta da sacristia, encaminhou-se para a casa paroquial. "Um bom banho é tudo do que eu preciso", sussurrou para si mesmo.

Mas o padre Epifânio não é do tipo que pega facilmente no sono. Aliás, diga-se que ele, desde que foi diagnosticado com depressão, faz uso de medicamentos para dormir. Algumas vezes, sentindo-se muito cansado, ele insiste em dormir sem seus medicamentos. Não consegue. Fica girando na cama de um lado para o outro e, quando começa a adormecer, tem sonhos e pesadelos que chegam a se confundir com delírios. O corpo se entrega, mas a mente não.

Já deitado e sem conseguir dormir, levantou-se e pôs-se a rabiscar algumas ideias para o livro que ele está tentando escrever. Sem inspiração naquele momento, abandonou o lápis e o papel e andou um pouco a esmo pela casa, até debruçar-se na janela de sua biblioteca que fica no andar superior.

A madrugada avançava a passos lentos e tudo em torno ao padre Epifânio estava mergulhado no silêncio. Mas dentro dele existiam vozes e ruídos, parecendo gemidos de dor de alguém que foi gravemente ferido. Olhando pela janela ele via a noite escura que envolvia a terra como um manto de solidão. De repente, percebeu que algo se movia na escuridão da rua. Talvez fosse apenas projeção de sua mente perturbada ou, quem sabe, alguém que, assim como ele, buscava se esconder procurando abrigo no breu. As horas foram passando e ele ainda estava ali, na janela, como ave noturna de vigia ou como animal assustado tentando se esconder dos predadores.

Consumido por suas dúvidas e medos, a única frase ou conselho que lhe parecia fazer sentido vinha de uma peixinha desmemoriada, porém simpaticíssima, que, cantando, recorda a todos os que habitam os oceanos que, mesmo se sentindo perdidos na imensidão dos abismos, não há outra coisa a se fazer se não continuar a nadar. Continue a nadar. "Ah! Dory[12], que conselho maravilhoso seria esse se não fosse pelo fato de que, para quem se sente perdido, qualquer estrada vai dar no mesmo lugar", pensou e, fechando a janela, tomou seu sonífero e foi dormir.

A grande contradição dos depressivos é que eles se sentem perdidos. E não se trata de uma questão externa, mas sim interna. Não lhes faltam mapas, bússolas, guias ou avisos. O que lhes falta é a capacidade de interpretá-los e, assim, criar nexos de informações que lhes façam sentido. Falta-lhes "sentido". E isso é incompreensível aos olhos dos que os veem de longe ou até mesmo de perto, pois para eles tudo está claro como ao meio-dia, mas para os depressivos, as noites são longas e os dias cinzentos como os do inverno. Para aqueles que se perdem na noite, as estrelas lhes servem de guia, mas as noites dos depressivos não têm estrelas.

Nesse dia, o padre Epifânio dormiu até mais tarde, até porque era o dia de sua folga. Mas, no final da tarde, ele tinha um compromisso. Na quinta-feira passada, ele esteve em uma consulta com seu psiquiatra e, juntos, decidiram que ele deveria não apenas mudar os medicamentos, mas também retornar à terapia que ele havia abandonado há alguns meses por conta própria.

— *Você está certo de sua decisão?* – perguntou o doutor Oliveira, olhando-o com um semblante sério.

---

[12] Referência a Dory, personagem do filme *Procurando Nemo* (2003).

— Sim. Estou aguardando o bispo chegar de viagem para tratarmos desse assunto.

— Então eu insisto que você retome sua terapia.

— Não vou mudar minha decisão. Também não vejo necessidade de retomar a terapia. Parece que nela eu estava girando em círculos. Apesar de toda *a competência e esforço do psicólogo, a impressão que eu tinha era de que não estava conseguindo sair do lugar.*

— Ele não estava de acordo com sua decisão.

— De fato. Ele tentava a todo custo me persuadir a desistir de minha decisão, afirmando que não podemos decidir na crise. Mas eu acredito que a crise já superei. Sinto-me seguro para agir.

— E se eu propuser uma outra forma de terapia?

— Para ser sincero, não coloco muita fé nas terapias.

— O que eu quero propor não é bem uma terapia, mas é semelhante. O que você acha de fazer análise com um psicanalista? Eu poderia lhe indicar um conhecido meu.

— Não sei, não. Ando meio sem esperanças.

E mesmo com toda a resistência, o padre Epifânio no fim concordou em procurar o tal psicanalista indicado pelo seu psiquiatra. E o primeiro encontro ficou marcado justamente para o final da tarde da segunda-feira em questão.

Mas, antes de narrar o que aconteceu no primeiro encontro, que chamarei de sessão de entrevista, permitam-me dizer mais algumas palavras sobre o estado de saúde do nosso vigário. Ele, como já disse, há dois anos foi diagnosticado com depressão – distimia, para ser mais claro – e de lá para cá vem fazendo regularmente um tratamento com o psiquiatra à base de medicamentos. Também, durante esse tempo, iniciou um tratamento paralelo com um psicólogo, com sessões semanais de terapia, mas, como já mencionei, ele abandonou a terapia sem comunicar ao doutor Oliveira. Este texto e, portanto, esta discussão, não têm a pretensão de se constituir sobre uma base psiquiátrica nem psicológica, pois estão longe do alcance de minha área de conhecimento. Todavia, mesmo sendo uma discussão mais filosófica e, por que não dizer, mais próxima da psicanálise, não podemos ignorar o que diz a psiquiatria a partir de seu manual (*Diagnostic and Statistical Manual of Mental Disorders* – DSM), nem o que diz a psicologia. De qualquer forma, as percepções das diversas áreas do conhecimento humano acerca da distimia se aproximam.

Do ponto de vista da psiquiatria, o DSM-V inclui a distimia no rol dos transtornos depressivos:

> Os transtornos depressivos incluem transtorno disruptivo da desregulação do humor, transtorno depressivo maior (incluindo episódio depressivo maior), transtorno depressivo persistente (distimia), transtorno disfórico pré-menstrual, transtorno depressivo induzido por substância/medicamento, transtorno depressivo devido a outra condição médica, outro transtorno depressivo especificado e transtorno depressivo não especificado[13].

Ainda segundo o DSM-V, "a característica comum desses transtornos é a presença de humor triste, vazio ou irritável, acompanhada de alterações somáticas e cognitivas que afetam significativamente a capacidade de funcionamento do indivíduo"[14]. E eles se diferem, segundo o manual, pelos seus "aspectos de duração, momento ou etiologia presumida"[15], de forma que a distimia "pode ser diagnosticada quando a perturbação do humor continua por pelo menos dois anos em adultos e um ano em crianças"[16].

A CID-10 classifica a distimia como:

> Rebaixamento crônico do humor, persistindo ao menos por vários anos, mas cuja gravidade não é suficiente ou na qual os episódios individuais são muito curtos para responder aos critérios de transtorno depressivo recorrente grave, moderado ou leve[17].

Mais do que um rebaixamento do humor, eu diria um autorrebaixamento do humor, uma vez que é uma ação do próprio sujeito versus ele mesmo. Assim, diria também que a causa mais comum da distimia é uma insatisfação que o sujeito tem consigo mesmo. De forma que se trata de uma causa interna e não externa. É uma fissura no Ego caracterizada por

---

[13] AMERICAN PSYCHIATRIC ASSOCIATION. **Manual diagnóstico e estatístico de transtornos mentais DSM-5**. Tradução de Maria Inês Corrêa Nascimento et al. 5. ed. Porto Alegre: Artmed, 2014. p. 155.

[14] AMERICAN PSYCHIATRIC ASSOCIATION, 2014.

[15] *Idem.*

[16] *Idem.*

[17] CLASSIFICAÇÃO de Transtornos Mentais e de Comportamento da CID-10. Descrições clínicas e diretrizes diagnósticas. Porto Alegre: Artmed, 2018. p. 22.

uma insatisfação constante. É uma ferida paradoxal, pois é sentida por um "Eu" pelo simples fato de ser ele quem ele "é".

No distímico, o "sujeito" e o "Eu" não coincidem. Ainda que a distimia não seja considerada, a partir de sua intensidade, uma depressão profunda, não se pode dizer, todavia, que se trate de uma "dor leve". Não. Não há leveza no sofrimento do distímico. É como se o sujeito estivesse despovoado de si mesmo e, em seu posto, se encontrasse um imenso vazio.

Joel Birman, em seu livro *O sujeito na contemporaneidade*, no sétimo capítulo, faz uma discussão muito interessante a respeito do "vazio no existir", falando dessa experiência como sendo uma "despossessão de si"[18]. O sujeito contemporâneo é um sujeito que não mais se habita e, por isso mesmo, não possui mais a posse de si mesmo. Nesse capítulo, o autor faz uma reflexão sobre aquilo que ele considera como sendo o "terceiro registro do mal-estar contemporâneo", a saber, "o das intensidades"[19].

Nessa discussão, Birman situa a distimia como sendo um momento, ou melhor, um sintoma inicial dessa "despossessão de si". Assim ele escreve: "No que concerne especificamente ao registro das intensidades, a despossessão de si se apresenta inicialmente como distimia"[20]. E algumas linhas mais adiante ele afirma:

> De qualquer maneira, a distimia tem se incrementado bastante, como signo de perturbação das intensidades na contemporaneidade. Indica, além disso, uma evidente modalidade de despossessão subjetiva, pois o sujeito não consegue dar conta de suas variações de humor, que oscilam numa gama múltipla de matizações[21].

É horrível para o depressivo distímico ter que conviver consigo mesmo, uma vez que o si mesmo é a maior fonte de suas frustrações. Ele se autodeprecia e se sente incapaz de criar laços afetivos profundos e duradouros. Ele está sempre carente e demanda afeto das outras pessoas, o que o torna uma pessoa pesarosa e, na maioria das vezes, uma péssima companhia.

---

[18] Aqui farei uma ligeira referência, mas tenho a pretensão de colocar em moto um outro projeto de discussão sobre o tema da depressão e melancolia, sob o prisma filosófico e psicanalítico, e retomarei este autor como uma de minhas referências para discutir a influência do espaço social e cultural sobre os estados melancólicos, em conjunto com um outro autor de não menor estatura, que é Byung-Chul Han.

[19] BIRMAN, J. **O sujeito na contemporaneidade**: espaço, dor e desalento na atualidade. Rio de Janeiro: Civilização Brasileira, 2012. p. 113.

[20] *Ibidem*, p. 118.

[21] *Idem*.

Alguns sintomas físicos mais comuns da distimia são: sonolência, cansaço, dores musculares, dores de cabeça, gastrite, entre outros. Os sintomas psíquicos mais recorrentes são: tristeza contínua, ansiedade, irritabilidade (aparentemente sem motivos), insatisfação, entre outros.

A pessoa acometida pela distimia está quase sempre mal-humorada e é difícil conviver com ela. Amargurada, entristecida, desanimada e antissocial. Retirar uma pessoa com distimia de seu espaço de comodidade é uma agressão a ela. Muitas vezes, na tentativa de ajudar, algumas pessoas acreditam que retirando o distímico de casa e levando-o a um passeio, ou a uma festa, estão ajudando, quando, na verdade, estão o agredindo. Uma pessoa que, por algum motivo, está triste, quando a retiramos de casa, ela se diverte e sua tristeza vai embora. Mas distimia não é simplesmente uma tristeza. Forçá-lo a sair e a se divertir pode levá-lo a um estado de pânico.

Observando uma pessoa com distimia, algo que salta aos olhos, além de sua constante insatisfação, é a inconstância em relação aos seus projetos de vida. Ela facilmente abandona um projeto se encontrar nele grandes dificuldades. Aqui encontramos, por exemplo, uma diferença essencial entre o sujeito com distimia e o sujeito com melancolia existencial[22]. O primeiro não possui estímulo para levar adiante uma empreitada que lhe demande grande esforço; já o segundo se sente estimulado pelos desafios.

A distimia acaba por se tornar um "estilo de vida". Sempre sério e sem muito senso de humor, o ceticismo e o pessimismo do distímico acabam por nortear seu olhar sobre a existência, o que o faz um sujeito desesperançoso. Isso transforma sua vida em um inferno, tudo lhe parece difícil e complicado, fazendo com que ele empregue muito mais energia em uma determinada atividade do que seria necessário, o que o torna um sujeito esgotado. Em um estado mais avançado e sem o devido tratamento, ele corre o grave risco de ver seus laços sociais e afetivos se desfazerem, tornando-se um péssimo pai, péssimo marido, péssimo filho, péssimo amigo, péssimo funcionário, enfim, um sujeito humanamente falido.

A depressão é a dor e o cansaço do Eu que deve seguir adiante, ou ao menos tenta, tendo que ser aquilo que é. Quando o cansaço é superior às suas forças, ele para e não consegue mais prosseguir. Por isso, é tão importante o cuidado dos que o cercam; dos que o sustentam; de alguém que lhe diga

[22] Tenho a pretensão de discutir este conceito em um outro texto.

que ele não está sozinho. O depressivo precisa de remédio, mas também de um abraço.

Está claro que a primeira forma de tratar a depressão é com acompanhamento psiquiátrico e fazendo uso de medicação apropriada, que pode variar dependendo dos sintomas ou do organismo de cada sujeito. Por outro lado, sendo a depressão uma ferida narcísica, ou seja, uma ferida do ego, além da medicação, é preciso encontrar formas de fortalecer esse ego a fim de diminuir a tensão provocada pelo autoestranhamento egoico. Isso só é possível na esfera do afeto.

A depressão, em última análise, é uma demanda de amor, um grito e um apelo por afeto, algo que poderia diminuir a tensão provocada pela baixa autoestima e pela não aceitação de si. Por isso mesmo, é tão importante para o sujeito depressivo encontrar apoio em seu espaço de convivência mais restrito, como a família e os amigos. Sentir-se acolhido e amado é um incentivo para amar-se e acolher-se. Se é verdade que as condições externas se transformam em gatilhos para a manifestação da verdadeira causa da depressão, que é de natureza inconsciente, também é verdade que as condições externas podem propiciar uma resistência à manifestação dessa dor original e, assim, diminuir as possibilidades ou a letalidade do estado depressivo.

Viver um estado depressivo é um drama que o Eu vivencia consigo mesmo. Todos os fatores externos são manifestações desse drama interno, dessa insatisfação consigo mesmo; por isso, o sujeito se lança na esfera do social como alguém que está a todo momento demandando atenção e afeto. É a realidade de um Eu carente lutando com todas as suas forças para receber do "Outro" sua atenção e seu amor. A essa altura, afeto substituto, por isso mesmo, insuficiente.

Além de cercá-lo de cuidados, fazendo com que o sujeito depressivo venha a se sentir amado, é preciso também dar-lhe um motivo para amar. Isto é: depois de fazê-lo entender que ele não está sozinho, agora é necessário fazê-lo entender que alguém precisa dele.

Quando uma pessoa é cercada de cuidados e atenção, de alguma forma, ela se sente vítima, inferior, carente e incapaz. Por isso, é necessário atribuir a ela uma responsabilidade, de forma que não basta lhe dizer: "conte comigo", mas é igualmente necessário dizer: "eu preciso de você". O depressivo precisa se sentir responsável e importante para alguém. Quando atribuímos responsabilidade ao depressivo, é como se lhe déssemos um sentido para viver, uma missão a cumprir, algo que o faça sair da inércia e colocá-lo em movimento. Isso irá ajudá-lo a deixar de se ver como uma vítima, um inferior, um coitadinho, para se colocar em pé de igualdade com os outros.

Tendo feito essas considerações, mais adiante narrarei como foi o primeiro encontro do padre Epifânio com o psicanalista indicado pelo doutor Oliveira, que intitularei "Sessão: A entrevista".

O PEDIDO DE UM AMIGO

O doutor Sócrates[23] saboreava seu café após ter atendido seu último paciente, quando seu telefone começou a tocar. Era um amigo psiquiatra, doutor Oliveira.

— *Boa tarde, caríssimo, mande as ordens* – disse o doutor Sócrates com empolgação ao atender ao telefone.

— *Boa tarde, meu amigo, espero não estar lhe incomodando* – disse o doutor Oliveira, cheio de cerimônias.

— *Não está. Acabei de atender meu último paciente, vou dar um tempinho por aqui e depois vou direto para casa.*

De fato, ele parecia bem cansado.

— *Liguei para lhe pedir uma gentileza. Sei que sua agenda está cheia, mas o caso que tenho em mãos é deveras delicado e exige uma atenção especial. Estou com um paciente e desconfio que ele esteja acometido por uma espécie de melancolia. Já o mediquei, mas creio que ele precise de bem mais que medicamentos. Pensei que você poderia atendê-lo em análise.*

— *Eu não lhe diria não se eu pudesse lhe dizer sim, mas, como você mesmo disse, minha agenda já está cheia.*

— *Sei disso, mas se você puder abrir um espaço em sua agenda, eu ficarei muito agradecido. Trata-se de um paciente pelo qual tenho nutrido uma certa preocupação.*

— *Como assim?*

---

[23] Um psicanalista não é necessariamente um doutor, a menos que tenha feito um doutorado. Sócrates não é médico nem psicólogo, possui sua formação na área de humanas, em Filosofia para ser mais exato, também possui formação em psicanálise e, no momento, está atuando como psicanalista. Mas não tenho certeza de que ele possua um doutorado. De qualquer forma, as pessoas costumam chamá-lo de doutor e o fazem pelo mesmo motivo ao chamar um dentista, um advogado, um delegado, enfim.

— *Às vezes tenho a impressão de que, sorrateiramente, está se instaurando nele uma certa ideação suicida ou no mínimo um forte desencanto pela vida.*

— *Qual a média de idade dele?*

— *Ele tem 42 anos.*

— *É normal, nessa idade, o homem passar por uma certa crise existencial. Tendo sua vida estabilizada, começa a se ver sem grandes expectativas, filhos crescendo, esposa sem libido, enfim, talvez ele precise apenas de um novo amor, uma nova paixão* – disse o doutor Sócrates quase que em tom de brincadeira, sentindo-se à vontade em uma conversa informal com seu amigo.

— Não creio que *esse seja o caso dele. Você não pode julgar todos os homens dessa idade a partir de você mesmo* – respondeu o doutor Oliveira, referindo-se ao fato de que o doutor Sócrates estava descrevendo a si mesmo, já que ele passou pelo divórcio há pouco tempo. — *Ele é um padre que acabou de tomar a decisão de deixar o ministério* – disse em seguida, complementando a informação.

— *Um padre? Nossa, não gosto de padres.*

— Não estou lhe pedindo para *se casar com ele, apenas para escutá-lo em análise* – disse o doutor Oliveira em tom de sarcasmo.

— *Ok, então. Vou deixar agendado para segunda-feira às 17h.*

Uma das características da personalidade do doutor Sócrates é sua dificuldade em sustentar um "não", principalmente para seus amigos. Diante da insistência do doutor Oliveira, e pela amizade entre os dois, ele acabou aceitando.

— *Muito obrigado, meu amigo, vou avisar a ele para procurá-lo. Inclusive, vou enviar a você o relatório que fiz sobre ele.*

— Não precisa, você sabe que na psicanálise não trabalhamos com diagnósticos prévios.

De fato, o doutor Sócrates nunca leu o diagnóstico enviado por seu amigo.

— *Verdade. Mas, ainda assim, peço que leia.*

— *Tudo bem, então. Fico no aguardo.*

— *Muito obrigado.*

— *Disponha.*

Freud, em sua obra *A questão da análise leiga: diálogo com um interlocutor imparcial* (1926), afirma que "O analista não usa instrumentos, nem sequer para um exame, e não prescreve medicamentos"[24]. Devo acrescentar que também foge à competência do analista fazer diagnósticos, mesmo que se refira apenas a questões psíquicas, bem como elaborar relatórios, exceto em casos bem específicos. Isso porque a psicanálise não se ocupa da "patologia em si", mas sim do sujeito que porta consigo um estado patológico. É o sujeito que interessa para a psicanálise.

Em sua obra *Diagnóstico Psicanalítico*, a autora Nancy McWilliams, já no prefácio, relata uma fala de um de seus colegas de profissão, que atua como psicólogo da linha cognitivo-comportamental, na qual ele dizia que "Nós tratamos pacientes, não doenças"[25], lamentando-se assim do rumo que as ciências que tratam das patologias e sofrimentos da mente têm tomado, deixando de enxergar o sujeito como um todo e fatiando-o em partes, a fim de isolar a patologia do sujeito e, assim, tratá-la de forma independente. Essa prática, segundo o que se lê a partir das primeiras páginas de sua obra, condiz com os interesses da indústria farmacêutica e, acrescento, empobrece e esvazia o conceito de sujeito ao tentar dissociá-lo de seu sofrimento.

A evolução linguística e conceitual, portanto, que se percebe no DSM, que já está em sua quinta edição, bem como na Classificação Internacional de Doenças (CID), é uma tentativa de compreender melhor as patologias para assim poder tratá-las. À medida que se avança na compreensão das doenças, a partir de suas causas e consequências, avança-se também no tratamento. Todavia, em muitos casos, o que é passível de questionamentos é a compreensão da ideia de "evolução do tratamento" quando este está praticamente dependente da inserção medicamentosa. Não que isso seja ruim. Porém, colocar a esperança da cura em drogas, sem se preocupar com possíveis mudanças no estilo de vida do homem pós-moderno, na necessidade de uma releitura de sua própria história ou em um processo de ressignificação cultural daquilo que pode ser dito humano, corresponde muito mais aos interesses do capitalismo do que de fato a uma preocupação

[24] FREUD, S. A questão da análise leiga: diálogo com um interlocutor imparcial (1926). *In*: FREUD, S. **Obras completas (1926-1929)**. Tradução de Paulo César de Souza. São Paulo: Companhia das Letras, 2021c. v. 17. p. 130.

[25] McWILLIAMS, N. **Diagnóstico Psicanalítico**: entendendo a estrutura da personalidade no processo clínico. 2. ed. Tradução de Gabriela Wondracek Linck. Porto Alegre: Artmed. 2014. p. 12.

com o bem-estar do sujeito, que não mais é visto como um complexo que envolve história de vida, desejos, frustrações, medos e angústias, mas sim como um consumidor de "felicidades artificiais".

Não se trata de criticar simplesmente a estrondosa proliferação de substâncias medicamentosas e, como consequência, a massificação da medicamentação – cada vez mais precoce, haja vista a quantidade de crianças e adolescentes que já fazem uso de medicamentos para tratamentos psiquiátricos e psicológicos. Não sou contra o uso de remédios e, em muitos casos, o próprio analista reconhece a necessidade deles e, quando isso acontece, ele recomenda o tratamento com um psiquiatra. No caso do padre Epifânio, deu-se o inverso, pois foi o psiquiatra que reconheceu a insuficiência dos medicamentos ao perceber em seu paciente a existência de um sofrimento que pode ser dito existencial.

O doutor Oliveira, possivelmente, valendo-se de sua ampla experiência de consultório, sabe que, sobretudo para pessoas que já atingiram uma certa idade, a consciência que adquirimos acerca da existência e suas limitações, bem como as perdas, os lutos, as frustrações, a ausência de perspectivas, constituem ocasiões de angústias, tristezas, ansiedades, fobias, entre outros estados de sofrimentos psíquicos e depressivos, para os quais as medicações nos dão suporte, mas não oferecem cura.

A propósito, "cura" é uma outra palavra bastante incomum na psicanálise. A cura constitui um dos maiores desejos do sujeito pós-moderno, que ancorou sua possibilidade de ser feliz em um estilo de vida no qual coleciona momentos de prazeres e, por outro lado, entende as perdas e os estados de sofrimento como condição alheia à sua humanidade. Quem entra em uma jornada analítica precisa, já no início do processo, passar pelo desencanto da cura. É um momento um tanto frustrante para o sujeito, mas necessário. E quaisquer outras formas terapêuticas, tradicionais ou não, que prometam a fórmula da felicidade e a cura dos sofrimentos, no fim, não poderão cumprir o que prometeram.

Sem diagnósticos e sem promessas de curas, a que, enfim, se propõe a psicanálise enquanto método terapêutico[26]? Ela propõe tratamento e é um processo que não se confunde com cura, pois a cura pressupõe a total

[26] Estou usando a palavra "terapêutico" para me referir ao método psicanalítico de forma imprópria, ou seja, em um sentido amplo da palavra, uma vez que análise não é necessariamente uma terapia.

eliminação de um estado mórbido, enquanto o tratamento se volta para o sujeito que traz consigo muito mais do que um determinado diagnóstico ou uma determinada patologia.

Existe quase que uma necessidade de nomear nossos sofrimentos[27] e, portanto, de diagnosticá-los. O diagnóstico nos posiciona, de certa forma, diante do outro, demandando dele um olhar mais compreensivo sobre nós. Quando nos colocamos diante do outro como portadores de um sofrimento, demandamos dele uma resposta afetiva. Dizer que estamos sofrendo é o mesmo que dizer ao outro: "Ame-me, cuide de mim, importe-se comigo". Pessoas carentes usam a própria dor como demanda afetiva.

Além disso, o diagnóstico delimita nosso sofrimento e o torna mais manipulável e comunicável. É interessante notar o quanto as pessoas têm dificuldades de falar, nomear, delimitar na linguagem a sua dor existencial, seu estado de angústia, de tristeza, enfim. E o diagnóstico parece simplificar não apenas a comunicação, como também o tratamento.

Diante da crescente quantidade de catalogação de patologias e estados de sofrimentos mentais, bem como de formas do sujeito se posicionar na realidade a partir de sua estrutura mental ou, ainda, mediante novas descobertas e novos estudos que identificaram diversas formas de transtornos e síndromes[28], a linguagem psicanalítica, que outrora foi bastante utilizada inclusive pela psiquiatria, se apresenta na atualidade, segundo alguns, como arcaica e defasada, incapaz de dar conta conceitualmente do quanto hoje se conhece a respeito da nossa psique, sua estrutura e seus estados mórbidos.

No entanto, mesmo não acompanhando linguisticamente o amplo vocabulário hoje descrito, sobretudo no DSM-V, a psicanálise não está alheia às novas descobertas e não se opõe aos novos tratamentos. Até porque muitos dos estados de sofrimentos mentais exigem cuidados não de um profissional, mas de uma equipe de profissionais de diversas áreas. Uma pessoa diagnosticada com depressão ou com crises de ansiedade, por exemplo, precisará de intervenções psiquiátricas e terapêuticas. Alguns psiquiatras podem indicar a análise ou outras linhas de terapia, dependendo da demanda de cada paciente.

---

[27] Lembrando que não estamos falando de doenças físicas, mas de estados de sofrimentos mentais.

[28] Só lembrando que transtornos e síndromes não são necessariamente patologias mentais, mas formas como o sujeito se constituiu no mundo mediante suas condições genéticas e, em certo grau, culturais.

Porém, mesmo sendo limitada em seu método de intervenção terapêutica[29], a psicanálise possui uma abrangência maior em sua capacidade teórica de compreender a formação, a estrutura e as patologias que acometem o sujeito em sua psique. Ela tem muito a dizer, não apenas sobre a forma como se constitui e adoece a psique humana, mas também, e sobretudo, sobre o que o homem produz, como a política, a ética, a arte, a religião, a estética, as relações afetivas e muitos outros temas, uma vez que tudo isso são produtos do "Desejo" do sujeito e a psicanálise é, em sua essência, a ciência do "Desejo" por excelência.

Assim que desligou o telefone e colocou em ordem seu consultório, o doutor Sócrates apressou-se em ir para casa e, no caminho, enquanto tentava não se estressar com o trânsito, que àquela hora era infernal, pegou-se pensando no tempo em que frequentava a Igreja e de como sua mãe era devota. Mulher possuidora de uma fé inabalável. Nem mesmo todo o sofrimento causado pela sua enfermidade foi capaz de fazê-la afastar-se de Deus, ao contrário, a fez mais fervorosa.

Da fé católica, no entanto, o doutor Sócrates conservou nada além de boas lembranças de sua adolescência, quando fazia parte de grupos de jovens na paróquia e, se não me engano quanto a esta informação, além de ter feito a primeira eucaristia, fez também a crisma. A imagem de Nossa Senhora da Piedade, no entanto, que discretamente ornamenta sua prateleira de livros em seu consultório, é apenas uma grata recordação de uma viagem de férias a Roma, na qual, e não poderia ser diferente, visitou a Basílica de São Pedro e encantou-se com a obra de Michelangelo.

"Deus", disse ele em voz alta como se estivesse apenas elaborando um pensamento, "depois de todos esses anos o ignorando, agora corro o risco de ter que lidar contigo mais uma vez!". E suspirou profundamente enquanto dizia isso para si mesmo.

O doutor Sócrates lembrou que Freud, em sua obra *O mal-estar na civilização*, publicada em 1930, afirma o seguinte: "Eu não saberia indicar

[29] A análise pouco funciona com sujeitos psicóticos e é praticamente inútil com sujeitos perversos. Bem como sua intervenção metodológica pode surtir menor efeito em sujeitos com Transtorno do Espectro Autista (TEA), Transtorno do Déficit de Atenção com Hiperatividade (TDAH), Transtorno Opositivo Desafiador (TOD), entre outros, do que intervenções mais específicas e direcionadas para esses casos. Uma pessoa com determinados transtornos ou síndromes pode fazer análise? Sim, claro. Todavia, o foco da análise não estará no tratamento do transtorno ou da síndrome, mas sim no sujeito como um todo.

uma necessidade vinda da infância que seja tão forte quanto a de proteção paterna"[30]. Mais adiante, ele continua: "Podemos rastrear a origem da atitude religiosa, em claros contornos, até o sentimento do desamparo infantil"[31]. Segundo Freud, as práticas religiosas correspondem a sentimentos infantis que fazem alusão à necessidade de amparo e proteção. Assim, o doutor Sócrates havia aprendido com seu mestre que Deus é apenas um resquício de um sentimento infantil, uma criança que demanda proteção paterna, e que a religião era uma ilusão, uma espécie de neurose obsessiva coletiva.

Sérgio Nazar, em seu livro *Freud e a Religião*, publicado em 2003, escreveu que "Para Freud, a religião atende, acima de tudo, a fortes e antigos anseios da humanidade: o anseio pelo pai, o anseio de defesa contra as forças esmagadoramente superiores da natureza e o anseio de retificar as deficiências da cultura"[32]. Fato é que o doutor Sócrates havia, há tempos, acolhido com entusiasmo a mensagem de Zaratustra[33] que anunciou a morte de Deus. A bem da verdade, ele enterrou Deus na mesma cova de sua mãe. Contudo, até o momento, o ateísmo ressentido de Sócrates nunca constituiu uma ocasião de impedimento para tratar pacientes que traziam consigo sentimentos e anseios de caráter religioso. Mas, desta vez, ele estaria diante de um padre. Por um momento, ele temeu a possibilidade de comprometer sua neutralidade e, assim, o doutor Oliveira havia se enganado ao pensar que seu amigo seria a melhor opção para lidar com seu paciente. A pressuposição de que o analista possua um conhecimento prévio acerca do seu paciente é o primeiro passo em direção ao fracasso no processo analítico. Justamente por isso, doutor Sócrates nunca leu de fato o laudo enviado por seu amigo psiquiatra e se recusava a falar de seu paciente com ele.

— *Quero que ele se revele e não que seja revelado* – dizia ele toda vez que o doutor Oliveira insistia em lhe dar alguma informação.

— *Vocês psicanalistas são muito chatos, por isso a maioria das pessoas prefere correntes da psicologia* – dizia o doutor Oliveira quando se irritava com o mutismo seletivo do doutor Sócrates, que ria da irritabilidade de seu amigo.

---

[30] FREUD, S. **O mal-estar na civilização**. Tradução de Paulo César de Souza. São Paulo: Penguin Classics Companhia das Letras, 2016b. p. 16.

[31] *Idem*.

[32] DAVID, S. N. **Freud e a Religião**. Rio de Janeiro: Jorge Zahar, 2003. p. 7.

[33] Referência a Zaratustra, personagem profético utilizado por Nietzsche, em sua obra *Assim falou Zaratustra*.

— Só gostaria que pudéssemos cooperar *nesse caso e assim trabalharmos juntos* – dizia o psiquiatra.

— *E estamos* – respondia o doutor Sócrates, acrescentando que fazia parte de seu trabalho o segredo e a discrição de tudo o que é dito pelos seus analisandos.

SESSÃO: "A ENTREVISTA"

Quando o padre Epifânio se apresentou no consultório para a sessão de entrevista, o que o doutor Sócrates viu foi um homem no auge de seus 42 anos que carregava consigo pouca expectativa e o peso do mundo nas costas. O analista o cumprimentou educadamente enquanto ele forçava um sorriso e, sem muito sucesso, tentava esconder sua timidez e seu nervosismo. Sentou-se na cadeira à sua frente e evitou fitá-lo nos olhos. Meio desconfiado, fazia o reconhecimento visual do ambiente e logo lhe chamou a atenção um divã[34] que ficava levemente posicionado ao lado da poltrona na qual o doutor Sócrates estava sentado.

— *Epifânio é o seu nome, certo?*

— *Sim.*

— *O que o traz aqui?* – pergunta nada inocente. O doutor Sócrates, na verdade, queria saber se o padre Epifânio tinha consciência do porquê de estar ali e se ele tinha ideia do que era e de como funcionava a análise.

— *Vim por recomendação do meu psiquiatra* – resposta esperada, por isso mesmo errada.

Então o doutor insistiu:

[34] O divã é um dos símbolos mais significativos da análise. Seu uso é importante para se evitar um certo tipo de contato visual entre o analista e o analisando, a fim de garantir uma maior neutralidade e de se evitar alguma interferência por parte do analista que possa vir a acontecer, como por exemplo, uma anuência com a cabeça ou até mesmo uma expressão facial. Também, é importante como forma de proporcionar um maior conforto e estado de relaxamento ao analisando. No entanto, seu uso não é obrigatório.

— E por que ele lhe recomendou a análise?

— Já faz algum tempo que fui diagnosticado com depressão distímica. Faço uso de medicamentos e o psiquiatra considerou oportuno uma forma de terapia.

— Ótimo. Mas ele lhe recomendou de forma específica a análise ou foi uma escolha sua?

— Chegamos juntos a essa conclusão. Na verdade, já estou em um processo terapêutico há algum tempo. Mas me queixei de que os resultados estavam deveras modestos e, então, após ter abandonado por conta própria, ele me sugeriu a análise e eu concordei.

— Certo. Mas você sabe como funciona a análise?

— Já li alguns livros de Freud, há muito tempo, mas não conheço a respeito de sua teoria ou de sua técnica como gostaria.

Ele está se referindo a um contato que aconteceu há muitos anos, quase que ao acaso, se em acaso eu acreditasse. Estamos falando de décadas atrás, quando ele, por ocasião de sua ordenação diaconal, foi enviado para Roma a fim de participar de um retiro espiritual que durou 15 dias. Sua estadia na cidade de Pedro, no entanto, foi um pouco mais longa, cerca de três meses, nos quais ele aproveitou para conhecer, além da cidade eterna, outras como Nápoles, Milão, Florença, entre outras.

Na maior parte do tempo, todavia, ele permaneceu em Roma e amava passar os finais de tarde nos jardins do Castelo Sant'Ângelo, sentado em um banco que lhe dava uma vista privilegiada da cúpula da basílica de São Pedro, lendo um bom livro, intercalando com um olhar contemplativo da paisagem. Sua sensação era de que naquele lugar o tempo havia parado. Um misto de paz e nostalgia povoava seu peito e, vez ou outra, sua mente divagava imaginando os acontecimentos históricos que haviam ocorrido naquele lugar.

Em Roma, o acesso a livros é deveras facilitado, pois praticamente em cada esquina é possível encontrar uma livraria. Sem falar dos famosos *sottopassaggio*[35], nos quais, em muitos deles, também se encontravam livros à venda, e neles o padre Epifânio comprou vários deles com valores mais acessíveis. E foi em um desses *sottopassaggio* que ele comprou sua primeira obra de psicanálise: *Il sogno e scritti su ipnosi e suggestione*, da editora New-

[35] Passagens subterrâneas.

ton, que estava publicando as obras de Freud e de vários outros autores em edições econômicas.

O padre Epifânio havia apenas acabado o curso de Teologia e estava para receber a ordem sacra do diaconato, porém sua paixão permanecia as leituras filosóficas, principalmente os filósofos da pós-modernidade: niilistas, existencialistas e personalistas. Seu interesse estava voltado para a compreensão do homem e sua precária existência. De alguma forma, ele se via atraído por esse discurso, ou melhor, ele se identificava com esse homem marcado pela finitude e pelos anseios de uma existência fugaz e constantemente ameaçada pelo vazio e pela ausência de sentido. Dito isso, fica compreensível seu interesse pelas teorias de Freud naquele momento, mas nunca teve a oportunidade de estudar de fato as ideias freudianas.

Ao saber do interesse do padre Epifânio pelos filósofos pós-modernos, o doutor Sócrates começou a se dar conta de que estava diante de um homem culto e não de um fanático religioso. E aqui devo relembrar o que já foi dito a respeito da formação do nosso analista, que ele também possui formação filosófica e que seu interesse filosófico está justamente nos filósofos da pós-modernidade, principalmente dos ditos existencialistas.

De fato, Freud é um pensador extraordinário. Suas teorias alimentam tanto o imaginário popular quanto as mais refinadas teses acadêmicas acerca do ser humano, sua estrutura mental, suas patologias e seus comportamentos. Todavia, é bem verdade que conhecer as teorias de Freud e deitar-se no divã não são coisas semelhantes, e a primeira não ajuda necessariamente a segunda. Deitado no divã, o analisando não poderá contar com a teoria psicanalítica e, o analista, por outro lado, não usa as teorias da psicanálise como se fosse um manual, uma espécie de CID ou DSM.

Creio que, a este ponto, eu deva dizer alguma coisa a respeito do método psicanalítico que, a princípio, é muito comum se colocar a análise e a terapia em um espaço de sinônimos, mas são coisas bastantes diferentes. A terapia é um termo muito genérico e pode ser usado por muitas práticas de abordagem da mente e de busca de superação de conflitos, sejam de ordem interna, sejam de ordem externa. É a busca por estabelecer um equilíbrio entre os afetos do sujeito e as condições do meio no qual ele vive. As terapias são praticadas pela psicologia, independentemente de suas vertentes, bem como por outras formas menos científicas e com caráter mais holístico e até mesmo místicos.

Os terapeutas, na maioria das vezes, agem como verdadeiros gurus. Dão conselhos, orientações, fazem práticas de relaxamento, energização, entre outras tantas. Terapias de grupos, constelações familiares, uso de florais, meditações, enfim, todas bem-vindas e todas, de certa forma, cumprem, ao seu modo, o que prometem.

A análise é um caminho mais solitário. O analisando não pode contar com a orientação e aconselhamento de seu analista[36]. Este não age como guru, guia, mestre de vida, não faz práticas de meditações ou outras que possam fazer alguma alusão a um saber que não seja o "suposto saber analítico". É bem verdade que muitas pessoas, principalmente aquelas que possuem dificuldades em fazer escolhas e tomar decisões, precisam de um outro que exerça sobre elas uma certa autoridade e um certo controle, no mínimo, para lhes dar um determinado suporte emocional.

Todavia, vivemos em um mundo no qual o outro está sempre tentando exercer sobre nós um controle e, assim, impor seu desejo tirânico. Isso acontece nas relações entre pais e filhos, entre casais, amigos, salas de aula, enfim, até mesmo nas relações comerciais, no cotidiano e, inclusive, nas relações mais informais. Todos parecem saber o que é melhor para nós. Parece que todos os desejos importam e são importantes, menos os nossos. Todos querem exercer sobre nós um certo poder e uma certa influência. Nos dizem o que devemos fazer, do que devemos gostar, em que devemos acreditar, a quem devemos amar; enfim, vivemos sufocados pela tirania do desejo alheio.

A sessão de análise, a muito custo e, às vezes, dependendo da demanda do analisando e da capacidade de manejo do analista, sem muito sucesso, quer ser esse espaço no qual o analisando possa expressar seu desejo sem pudor, sem medo de ser julgado ou castrado. O *setting* analítico quer ser esse espaço de escuta, e não só da parte do analista, mas também do analisando, que ele possa se escutar e, escutando-se, possa também compreender-se,

[36] Essa pretensa neutralidade do analista é fundamental para o êxito da análise. Todavia, este método pode constituir ocasião de incômodo para algumas pessoas que gostariam, ou até mesmo precisariam de uma postura mais diretiva de seu terapeuta, como aconselhamentos e direcionamentos. O próprio fato de uma pessoa se incomodar com a postura de neutralidade do analista, bem como essa sua necessidade de cumplicidade na terapia; de aconselhamentos, e direcionamentos, se constitui como matéria-prima para a própria análise. Por que essa necessidade de um ambiente terapêutico simpático? Por que essa necessidade de um outro que possa lhe dizer o que você deve fazer ou como você deve fazer? Exigir isso do analista pode indicar um processo transferencial de uma relação abusiva, onde um se coloca na posição de quem precisa da constante aprovação do outro ou até mesmo de uma necessidade de ser guiado e subordinado ao outro.

despindo-se de certos pré-juízos, pois o olhar que mais nos intimida não é o do outro, mas o que temos sobre nós mesmos.

Ao método psicanalítico não pode ser dito catártico, não ao menos em seu sentido estrito, uma vez que a catarse não dá conta daquilo a que se propõe a psicanálise enquanto método de abordagem e tratamento das neuroses. Em seu texto *O método psicanalítico de Freud*, escrito em 1904, ele admite que a catarse está na origem do método da abordagem psicanalítica, porém, ao estar atrelada à hipnose, se demonstrou insuficiente. "O método catártico pressupunha que o doente fosse hipnotizável e se baseava na ampliação da consciência que sucede na hipnose"[37]. As dificuldades do procedimento no qual as pessoas eram submetidas à hipnose, bem como a impossibilidade de alguns indivíduos serem hipnotizados, levaram Freud a abandonar essa prática[38].

Foi na fala de suas pacientes que Freud encontrou o caminho para formalizar seu método psicanalítico, principalmente na fala não intencional, ou seja, no pensamento espontâneo, bem como dirá no texto, nos sonhos, que permitem um acesso mais direto ao inconsciente[39].

A técnica à qual o analista se utiliza nas sessões de análise, poderíamos dizer, em linguagem lacaniana, que se trata da "escuta flutuante", método capaz de reconhecer significantes intrusos em uma rede de significados na fala do analisando, que, por sua vez, será instruído pelo analista a fazer uso de uma fala livre e, assim, aos poucos, tornando possível a livre associação. Não faz parte do método psicanalítico, ao menos do dito freudiano, do qual Jacques Lacan é um de seus principais herdeiros, a hipnose, a regressão ou outros que não sejam a livre associação. Em substituição a esses e a outros métodos que lançavam mão de uma intervenção sugestiva do terapeuta, Freud afirma ter encontrado um outro método mais satisfatório:

> Um substituto desses, inteiramente satisfatório, Freud encontrou nos pensamentos espontâneos dos pacientes, isto é, nos pensamentos involuntários, geralmente vistos como inoportunos e por isso descartados em circunstâncias normais, que costumam perturbar a trama de uma exposição

---

[37] FREUD, S. O Método psicanalítico de Freud {1904}. *In*: FREUD, S. **Obras completas (1901-1905).** Tradução de Paulo César de Souza. São Paulo: Companhia das Letras, 2019b. v. 5. p. 322.

[38] *Cf. Ibidem*. p. 324.

[39] *Idem*.

> deliberada. A fim de apoderar-se desses pensamentos, ele solicita aos pacientes que se deixem levar nessas comunicações, "como se faz numa conversa em que se pula de um assunto a outro"[40].

Assim, são nos atos falhos, lapsos de memória, palavras intrusas e insistentes com significação duvidosa que o analista vai buscando entender o desejo de seu analisando que, sorrateiramente, se esconde e se revela nessas palavras que são ditas ou não ditas, mas que, de alguma forma, fazem parte do discurso do sujeito, mesmo destoando de sua narrativa.

Ao analista é atribuído o lugar da escuta. Mas não qualquer escuta. Trata-se de uma "escuta flutuante", ou seja, a atenção do analista está muito mais voltada para o dito que não está sendo dito naquilo que é narrado pelo analisando. O lugar de escuta não é lugar do silêncio. Mesmo estando em silêncio, o analista está em uma posição de diálogo. O lugar da escuta é, paradoxalmente, também um lugar de fala. Não a fala de um mestre, conselheiro ou algo parecido. A fala do analista é pontual e não diretiva. Assim, citando ainda o texto ao qual me referi, "Freud desenvolveu uma arte da interpretação, que tem a tarefa de, por assim dizer, extrair do mineral bruto das ideias não intencionais o metal dos pensamentos reprimidos"[41].

Quando disse que a análise é um caminho de solidão, estou me referindo ao fato de que somente o analisando pode pôr as perguntas fundamentais e somente ele é capaz de construir suas respostas. A fala do analista é provocativa. Ele provoca seu analisando a sair de seu lugar de narrador para o lugar de narrado. É um caminho mais complicado do que simplesmente sentar-se diante de alguém que está disposto a escutá-lo e, no final, lhe dar um abraço amigo e dizer: "Conte comigo, estou aqui para ajudá-lo". Não. O analisando não deve esperar abraços amigos, nem tapinhas no ombro demonstrando compreensão, ou palavras de incentivo ou coisas do tipo.

É bem verdade que muitas das vezes nos sentimos perdidos e confusos, e tudo o que queríamos era alguém para nos orientar, nos dizer o que deveríamos fazer e até mesmo fazer escolhas por nós. Quando alguém nos orienta e nos diz o que fazer, é como se retirasse de nós o peso da escolha; o peso de ter que arcar com as consequências ou a culpa de nossos erros.

---

[40] *Idem.*

[41] *Ibidem*, p. 326.

Essa pretensa neutralidade e imparcialidade, em que o analista deve fazer todo o esforço possível para se manter, é fundamental para o êxito da análise. Esse lugar ocupado pelo analista é seu grande desafio, do contrário, além da análise se dissolver em mais uma forma de terapia, corre-se o risco de o analista estar impondo sobre seu analisando seu próprio desejo ao invés de desnudar o desejo dele. É o desejo do analisando que deve vir à tona, e não o desejo do analista. É muito comum, em outras práticas terapêuticas, terapeutas interagirem com seus clientes, contando e citando exemplos de outros clientes e até mesmo, utilizando-se de exemplos de sua própria vida para orientá-los. Ao fazer isso, corre-se o grave risco de retirar do analisando a coisa mais importante, a saber, sua subjetividade em relação ao seu sofrimento.

Logo no início do exercício da profissão, e a essas alturas já posso falar que o doutor Sócrates já superou esta fase, os analistas fazem um esforço enorme para tentar permanecer no lugar de "objeto", mantendo a neutralidade, pois, por vontade de ajudar seus pacientes, ou por necessidade de demonstrar seus conhecimentos, ou ainda por uma postura vaidosa e narcísica, possuem o impulso de interrompê-los em suas narrativas, desnudando seus equívocos, enquadrando-os em alguma das teorias psicanalíticas que aprenderam, impondo sobre eles sua visão de mundo e de realidade, dando assim início a uma guerra de "egos" dentro do *setting*. Por isso mesmo, é necessário que todo analista tenha um supervisor e esteja ligado a uma Associação ou Instituto, a fim de exercitar sua capacidade de escuta e lapidar sua vaidade de mestre.

Um outro ponto fundamental, que diferencia radicalmente a análise de outras terapias, é o conceito e a posição ocupada pelo inconsciente. É muito comum, e às vezes chega a ser um indicador de validação de determinadas terapias, a crença no inconsciente. Porém, em quase todos os casos, o que se entende por inconsciente nas diversas formas de terapias não é compatível com a concepção de inconsciente na psicanálise. Garcia-Roza, em seu livro *Freud e o Inconsciente*, afirma que "O termo 'inconsciente', quando empregado antes de Freud, era de uma forma puramente adjetiva para designar aquilo que não era consciente, mas jamais para designar um sistema psíquico distinto dos demais e dotado de atividade própria"[42]. Ao que parece, essa percepção de inconsciente como parte obscura do consciente permanece ainda nos dias atuais nas diversas formas terapêuticas, mas não na análise.

---

[42] GARCIA-ROZA, L. A. **Freud e o Inconsciente.** 31. reimp. 2. ed. Rio de Janeiro: Jorge Zahar, 2020. p. 169-170.

De forma muito breve, mas necessária, devo ainda dizer aqui que o inconsciente tal qual descoberto por Freud não é um lugar que possa ser identificado anatomicamente no cérebro[43] nem como um lugar imaginário no mais profundo da alma humana, preso ao passado e que possa ser acessado por regressão ou algo parecido. Garcia-Roza afirma que "O inconsciente não é o mais profundo, nem o mais instintivo, nem o mais tumultuado, nem o menos lógico, mas uma outra estrutura, diferente da consciência, mas igualmente inteligível"[44].

Laplanche e Pontalis, em sua obra *Vocabulário da psicanálise*, afirmam que "O inconsciente freudiano é, em primeiro lugar, uma noção tópica e dinâmica, que brotou da experiência do tratamento"[45]. Assim, o inconsciente freudiano é um lugar que não é um espaço determinado fisicamente. É um espaço metapsicológico que está presente em toda a pessoa e não em parte dela. É um dos sistemas que compõem o aparelho psíquico e, como tal, possui suas regras próprias de funcionamento, não se tratando de um lugar caótico e sem sentido. Ele, como afirmou Lacan, "se estrutura como linguagem".

Também é importante dizer que o inconsciente freudiano, que é o fundamento da psicanálise enquanto teoria, mas também enquanto prática, é o lugar de tudo o quanto foi recalcado, mas não eliminado pelo sujeito. É o lugar das pulsões, onde habita o "Desejo" de um objeto mítico, portanto perdido, cuja busca constante do prazer não pode ser saciada. Ele marca o sujeito como "sujeito da falta e sujeito da fala". Nasio descreve o inconsciente como "[...] um fenômeno que se consuma independente de nós e que, no entanto, determina aquilo que somos"[46].

Dito isso sobre a análise, resta-me ainda dizer algumas palavras a respeito do analista. Ao se optar pela análise, é também de fundamental importância a escolha do profissional. Este deve ter, de fato, formação em psicanálise e não ser apenas um "psicólogo" que se utiliza da linha psicanalítica. Não que ele não possa ser um psicólogo, mas, se assim o for, que tenha ele igualmente formação em psicanálise, e não apenas a tenha visto em seu curso de psicologia como uma disciplina ou uma linha de pesquisa.

---

43 Esforço perpetrado pelas neurociências e pela dita neuropsicanálise.

44 GARCIA-ROZA, 2020, p. 173.

45 LAPLANCHE, J.; PONTALIS, J.-B. **Vocabulário de Psicanálise**. 4. ed. São Paulo: Martins Fontes, 2016. p. 236.

46 NASIO, 1999, p. 33.

O psicanalista não se forma em uma Universidade ou Faculdade, haja vista que a psicanálise não é um curso acadêmico em stricto sensu. Ele deve ser formado em uma Associação ou Instituto de psicanálise. Além de toda a base teórica, é necessário que ele próprio esteja em análise pessoal e conte com a orientação de um supervisor. Nada impede, evidentemente, que um psicólogo ou até mesmo um psiquiatra faça uso de técnicas psicanalíticas, desde que possuam formação psicanalítica. Caso contrário, poderão incorrer naquilo que o próprio Freud chamou de "psicanálise selvagem"[47].

Em sua obra *A questão da análise leiga: diálogo com um interlocutor imparcial* (1926), Freud aborda se a psicanálise deveria ou não ser praticada apenas por um médico ou se poderia ser praticada fora dos limites conceituais e legais da medicina. Nessa obra, ele defende a independência da psicanálise em relação à medicina, bem como a independência da formação do psicanalista. Ele faz, em forma de diálogo com um interlocutor, a diferenciação entre aquilo do qual se ocupa o médico e aquilo do qual se ocupa o psicanalista. Segundo ele, "O analista não usa instrumentos, nem sequer para um exame, e não prescreve medicamentos"[48], mas tem por prática a escuta, afirmando que a palavra "É um instrumento poderoso, o meio de comunicarmos nossos sentimentos, o caminho para termos influência sobre as demais pessoas"[49].

Ainda a respeito da formação de um psicanalista, nesta obra citada, Freud faz referência a três institutos de formação em psicanálise, o primeiro situado em Berlim, o segundo em Viena e o terceiro em Londres. Segundo ele, "Nesses institutos os candidatos se submetem eles próprios à análise, recebem instrução teórica [...], e desfrutam da supervisão de analistas mais velhos e experientes [...]"[50]. E continua Freud:

> A preparação para a atividade analítica não é simples e fácil, o trabalho é duro e a responsabilidade é grande. Mas quem passou por essa aprendizagem foi ele próprio analisado, compreendeu o que hoje se pode ensinar da psicologia do inconsciente, está informado da ciência da vida sexual e aprendeu a difícil técnica da psicanálise, a arte da interpretação, o combate às resistências e o manejo da transferência, *esse não é mais um leigo no campo da psicanálise*.

47 Sobre este tema indico a leitura do texto *Sobre psicanálise selvagem*, escrito por Freud em 1910.

48 Texto já citado anteriormente.

49 FREUD, {1926} 2021c, p. 131.

50 *Ibidem*, p. 187.

> Está capacitado a empreender o tratamento de distúrbios neuróticos e poderá, com o tempo, realizar tudo o que se pode requerer dessa terapia[51].

A arte da escuta analítica requer do analista, além das técnicas e pré-requisitos citados por Freud, uma postura ética sólida, uma vez que ele irá lidar com aquilo que o paciente possui de mais íntimo: seus desejos. Para o êxito de uma análise, Freud dá o seguinte conselho ao que pretende entrar em processo de análise:

> Que seja totalmente sincero com seu analista, que não guarde intencionalmente nada do que lhe vem à cabeça e, depois, que ignore toda reserva que o impediria de comunicar certos pensamentos ou recordações. Todo indivíduo sabe que tem, dentro de si, coisas que preferiria não comunicar a outros, ou que absolutamente não comunicaria[52].

Claro que, se o analisando faltar com a verdade ou com a sinceridade criando uma história fantasiosa, ainda assim será possível que a análise aconteça, uma vez que o analista poderá verificar e interpretar o desejo que está expresso em tal fantasia. Todavia, se o estado de desconfiança por parte do analisando permanecer, a análise estará fadada ao falimento. Por isso, é muito importante a escolha do analista (ou outro profissional dedicado às terapias), uma vez que irá lidar com aquilo que possuímos de mais íntimo e que, possivelmente, gostaríamos de manter enterrado dentro de nós. A questão é que são esses desejos que relutamos em comunicar e relatar, por vergonha, culpa ou desconhecimento, que nos adoecem e nos fazem sofrer. A ansiedade, por exemplo, que facilmente confundimos com insatisfação, é o esforço que fazemos para esconder aquilo que não gostaríamos de trazer à tona.

Mas voltando ao *setting*... Por praxe, o doutor Sócrates não faz necessariamente uma anamnese de seus pacientes, mas pede que eles, nesse primeiro encontro, façam uma descrição de si mesmos e de suas expectativas em relação ao tratamento que vieram buscar. Assim o fez com o padre.

O padre Epifânio começou então a falar e, de forma bem genérica, conduziu seu discurso orientando-se pelo diagnóstico que trazia da psiquia-

---

51 *Ibidem*, 187-188.

52 *Ibidem*, p. 131-132.

tria. Focou em narrar seus sintomas, dedicando a maior parte do tempo em relatar seu estado patológico, evitando entrar em questões de ordem mais pessoal e, somente já no final da sessão, revelou o fato de ser padre[53].

O doutor Sócrates não fez uma pergunta específica, mas vez ou outra, vi que ele anotava algumas coisas em um bloco de notas. Só não posso afirmar com certeza do que se tratava. Se eram informações, impressões ou algo parecido.

No final da sessão, acertados alguns detalhes de ordem prática, eles se despediram e o doutor Sócrates acompanhou o padre Epifânio até a porta.

[53] Claro que esta informação o doutor Sócrates já sabia, mas em um processo de análise nada é dado como certo até que o próprio analisando fale, pois é ao falar de si que sua autoimagem vai se construindo, desconstruindo ou reconstruindo.

SESSÃO: "O QUE DIZER?"

No dia e horário marcados, uma segunda-feira às 17h, para ser mais exato, o padre Epifânio, pontualmente, batia à porta do consultório. Particularmente, ele preza muito pela pontualidade. Quem o conhece sabe que é uma característica sua ser pontual. Característica ou sintoma, para se usar uma linguagem mais psicanalítica. Ele foi recebido de forma muito cortês pelo doutor Sócrates. Sentou-se na mesma poltrona[54] da semana anterior e discretamente fez novamente o reconhecimento visual da sala. É uma forma de se sentir seguro em determinados ambientes.

O doutor Sócrates se dirigiu à sua poltrona, sentou-se, reclinando-se levemente, cruzou as pernas e pôs suas mãos sobre elas. Parecia calmo e relaxado. O padre Epifânio, de sua parte, encontrava-se um tanto ansioso. Sentou-se inclinando-se levemente à frente, como que colocando o peso de seu tórax sobre suas pernas, apoiando-se sobre elas com seus cotovelos, e levemente esfregava suas mãos uma na outra.

— *Você gostaria de tomar um pouco de água?* – perguntou-lhe o analista.

— *Não, obrigado.*

---

[54] O doutor Sócrates disse que ele poderia deitar-se no divã, se assim se sentisse confortável, porém ele preferiu sentar-se na poltrona. Talvez, essa atitude de sua parte naquele momento representasse uma resistência. Fato curioso é que no texto *Método psicanalítico de Freud (1904)* a cena de um setting analítico é descrita da seguinte forma: "Atualmente ele (Freud) trata os pacientes dessa forma: faz com que se deitem comodamente, de costas, sobre um sofá, enquanto ele próprio fica sentado numa cadeira atrás deles, fora de sua visão" (Freud, 2019b, p. 322).

Normalmente, as pessoas buscam a análise como forma de tratar seus problemas. E elas confundem "tratar problemas" com "curas". As pessoas querem lidar com seus sofrimentos diminuindo sua intensidade, tornando-os suportáveis e assim poder conviver com eles pacificamente. Todos nós estamos dispostos a carregar uma certa carga de sofrimento, pois, às vezes, ele nos é útil. E o padre Epifânio estava ali por causa do seu sofrimento. Mas de quanto sofrimento ele estava disposto a abrir mão?

Alguns segundos se passaram desde que o doutor Sócrates lhe ofereceu um copo com água e ele recusou. Segundos esses que pareciam uma eternidade. O padre Epifânio olhava para o analista como se estivesse esperando algum ritual para se iniciar a sessão. Mas, diante de sua inércia, ele arriscou:

— *E agora? O que devo fazer?*

— *Você pode simplesmente começar a falar* – respondeu calmamente o doutor Sócrates.

— *Sobre o que devo falar?*

— *Sobre o que você quiser ou considerar oportuno.*

— *Bem. Não sei por onde começar.*

Essa dificuldade inicial é compreensível. Estamos acostumados a ouvir histórias com começo, meio e fim. Histórias que começam com: "Era uma vez" ou "Um belo dia", e terminam com "E foram felizes para sempre". Mas falar de si mesmo não é tão simples assim. É uma tarefa árdua[55]. Somos muito mais do que as palavras possam dizer. E ainda assim, precisamos falar. Falar de si mesmo requer muito tempo e muita coragem. Olhar-se no espelho é como que se defrontar com uma esfinge: "Decifra-me ou devoro-te". Quem tiver a coragem de olhar-se nos olhos talvez estremeça diante daquilo que verá. Alguns chegaram até mesmo a quebrar os espelhos para não verem seus reflexos ridículos e patéticos. Outros utilizam os espelhos para se maquiarem e assim tentar enganar a si mesmos, projetando para si uma imagem que não é realmente a sua. Os covardes fogem de seu reflexo e vivem iludidos, pensam ser felizes, mas temem a todo momento encontrar um espelho sincero diante de si que os faça ver o que realmente são.

---

[55] Algumas pessoas até gostam de falar de si mesmas, contar suas dores, seus problemas; amam falar de seus sofrimentos, dos remédios que tomam, de suas visitas a médicos, enfim, mas tudo não passa de um teatro ensaiado no palco cênico montado para esconder, ou melhor, revelar de forma teatral sua autopiedade que, sendo um teatro, quando desmascarado, vem à tona um ego inflado narcisicamente, todavia, ferido e carente, buscando nos espectadores de sua plateia aplausos e compaixão à sua tragédia ensaiada e repetida por diversas vezes.

"Não sei por onde começar". Essa é uma dificuldade não de ordem cronológica, e sim lógica. É difícil encontrar a lógica da própria vida e de sua história. É difícil falar do não compreensível, como também é difícil ver com clareza quando os olhos estão lacrimejantes. No entanto, falar se impõe como uma necessidade para aquele que traz uma dor. E com o padre Epifânio não foi diferente.

É bem verdade que não se inicia uma análise no primeiro encontro. A análise é um processo e seu início não se confunde com o início das sessões nem com o início da narrativa do sujeito. A análise acontece de forma espontânea, mas não instantânea. Ela é posterior à fala. Mas não a qualquer fala, e sim aquela que está sendo dita nas entrelinhas do discurso.

De um jeito ou de outro, o padre Epifânio precisava começar a falar. E começou. E foi assim que o doutor Sócrates ficou sabendo de sua idade, profissão e outros detalhes de sua vida pessoal, que serão expostos aqui quando necessário e se necessário. Em um determinado momento, enquanto ele falava de fatos recentes, quase como se estivesse dizendo para si mesmo, suspirou profundamente e disse:

— *Sinto-me muito cansado. Tenho vontade de parar. Preciso parar.*

— *Você quer parar? A sessão?*

— Não a sessão, *mas tudo.*

— *Tudo o quê?*

— Não sei. Tudo!

— *E o que o faz seguir adiante?*

— *O dever. Talvez.*

"Vontade de parar". Essa frase, se estivesse em outro contexto, poderia passar despercebida, mas o padre Epifânio estava em análise e o doutor Sócrates tinha diante de si uma pessoa diagnosticada com depressão, e esse tipo de pensamento, ele sabe, costuma esconder desejos perigosos. "Você quer parar?", pergunta aparentemente lógica, porém o que o analista estava perguntando era: "Você está pensando em suicídio?". Quando o analista está diante de uma pessoa depressiva e que ao mesmo tempo denota ideações suicidas[56], é como se ele se deparasse com uma bomba-relógio. Desativar

[56] Lembrando que o doutor Oliveira havia dito que seu paciente poderia estar apresentando ideações suicidas.

nem sempre é possível. Ao acrescentar "a sessão?" à sua pergunta, ele se fazia de desentendido e buscava respostas sem, contudo, enfatizar a pergunta. Conceder espaço para um depressivo falar de seus desejos suicidas é quase que ceder espaço para que ele se planeje e se encoraje. Por outro lado, ignorar tal desejo uma vez manifestado é imprudência do analista, por isso ele perguntou-lhe "Tudo o quê?". Verificar até que ponto esse desejo é latente é o que sutilmente deve ser feito.

Diante da resposta do padre Epifânio "Tudo", o doutor Sócrates desvia a atenção a qualquer possibilidade de discurso suicida e remete para ele a consciência de suas responsabilidades e de seus ganchos na "realidade": "O que o faz seguir adiante?". Com esta pergunta, o analista buscou certificar-se do vínculo que mantinha seu analisando na realidade. O doutor Sócrates não percebeu, necessariamente, ideações suicidas na fala do padre Epifânio. Mas ele sabe que aqui está, todavia, o laço do passarinheiro. As motivações suicidas vão se instalando na alma do sujeito como pensamentos rasteiros e, a princípio, sem o alarde que é próprio da morte insuspeita. O cansaço ao qual o padre Epifânio tem constantemente feito referência constitui um sinal de alerta para o qual o analista deve estar em constante estado de vigília e atenção.

Andrew Solomon escreveu um livro sobre o suicídio intitulado *Um crime da solidão: reflexões sobre o suicídio*. Nesse pequeno, porém intenso livreto, ele apresenta uma série de entrevistas e casos de pessoas que cometeram suicídios. A maioria dos casos não levantava grandes suspeitas e estavam como desejos camuflados, inclusive para seus idealizadores. A grande maioria dos casos são frutos de um cansaço existencial, cansaço típico dos distímicos. Ele, analisando o caso do ator Robin Williams, caso que com certeza chocou o mundo inteiro, faz a seguinte afirmação: "O suicídio também não é a máxima manifestação de 'egoísmo' ou de 'covardia', como os fornecedores de motivos costumam afirmar"[57]. Citei-o para concordar que ninguém tira a própria vida por egoísmo ou covardia. Por cansaço, certamente. Cansaço existencial, cansaço do "Eu", cansaço de ter que todos os dias ser quem si-É. Nenhuma dor no sujeito pode ser comparada à dor de Ser-quem-si-É quando não-se-quer-Ser quem si-É. Essa dor é bem conhecida do distímico.

[57] SOLOMON, A. **Um crime da solidão**: reflexões sobre o suicídio. Tradução de Berilo Vargas. São Paulo: Companhia das Letras, 2018. p. 46.

Mas não vou, não aqui nem neste momento, fazer uma reflexão sobre o suicídio. Depois, não realizei necessariamente uma pesquisa sobre suicídios de padres no Brasil, apesar de saber, pelas redes midiáticas de informações, que é um número bastante expressivo e preocupante. O padre Simeão do Espírito Santo, ou como o conheci, padre Eduardo Braga[58], traz esses dados em seu livro intitulado *A dor visível dos homens invisíveis – o fenômeno do suicídio entre padres, pastores e pastoras no Brasil*, e o número é deveras preocupante: 36 sacerdotes ceifaram suas próprias vidas entre os anos de 2012 e 2022, segundo pesquisas realizadas pelo autor[59].

Tendo o doutor Sócrates, ao menos por enquanto, abandonado sua investigação acerca de uma possível ideação suicida da parte de seu analisando, restava esclarecer do que se tratava essa "vontade de parar". O "dever" é a força motora que me faz seguir adiante, afirmou o vigário pensativo. Após algum tempo de silêncio, o padre Epifânio retomou a palavra:

— *Mas confesso que às vezes tenho vontade de simplesmente sumir ou quem sabe lançar o feitiço do* Obliviate, *como fez Hermione*[60] *com seus pais, e depois desaparecer no mundo. No entanto, do que adiantaria fugir de todos se não se pode fugir de si mesmo? Qual lugar fora do Eu teríamos para nos esconder de nós mesmos?*

Ao fazer esta pergunta, o padre Epifânio encarou o doutor Sócrates, que se manteve em silêncio, pois compreendeu que se tratava de uma pergunta retórica.

Existem, basicamente, dois tipos de motivações: o prazer e o dever. O prazer deixa a vida mais leve. Com ele, o sujeito consegue suportar as demandas de sua existência. Mas o dever é pesaroso. Exige responsabilidade e renúncias. Exige também uma certa maturidade psíquica, todavia é nutrido no sujeito uma expectativa de "parar". Ao afirmar que o dever era sua força motivadora, o padre Epifânio reforçava sua sensação de cansaço.

Por outro lado, ninguém pode viver apenas motivado pelo prazer à custa de não crescer nem amadurecer. Quem vive sempre segundo o prazer

[58] O padre Eduardo Braga é um pesquisador do tema e possui várias obras nas quais reflete acerca do fenômeno do suicídio entre religiosos.

[59] *Cf.* BRAGA, E. **A dor vivível dos homens invisíveis**: o fenômeno do suicídio entre padres, pastores e pastoras no Brasil. São José dos Pinhais: Editora Cenáculo, 2023. p. 36.

[60] Personagem da saga *Harry Potter*.

é uma pessoa infantil. O dever, por sua vez, é próprio de quem amadureceu e cresceu. Mas se a busca incessante pelo prazer nos mantém presos em uma infância extemporânea, uma vida pautada apenas no dever nos mantém em um estado de morte em vida.

Depois de ter feito sua pergunta retórica, pois de fato ele não esperava uma resposta do doutor Sócrates, o padre Epifânio silenciou por alguns instantes. Na sessão de entrevista, ele trouxe consigo um diagnóstico de distimia. Na psicanálise, mesmo não ignorando os diagnósticos trazidos pelos analisandos, o analista não se atém a eles. No entanto, não se pode ignorar o fato de que a principal queixa dos distímicos é o "cansaço". Após algum tempo, ele voltou a falar.

— Tenho a impressão de estar recolhendo os cacos que sobraram de uma existência que foi implodida por uma dor que não consigo nominar. E, quando tento descrevê-la, nada compreendo, mas sinto o calafrio de uma queda no vazio ou a ilusão como aquela quando se acorda no meio da noite e não se tem a certeza de que de fato se está acordado. É como se eu não soubesse diferenciar o sofrimento do dia com o pesadelo noturno. Sinto as fronteiras de minha existência contraindo-se, sufocando-me e esmagando-me. Não sei se consigo falar de uma dor que se confunde comigo mesmo.

Não sou psicanalista, mas arriscaria a dizer que, de fato, deve ser muito difícil falar de uma dor que existe pelo simples fato de o sujeito existir e ser quem ele é. Como lidar com a patologia da existência materializada em uma dor inexprimível, escondida na alma do sujeito como uma sombra que antecede uma morte que ainda não aconteceu, mas cujo velório já se iniciou? Quando o velador e o velado se coincidem, o enterro não acontece e o luto não cumpre sua função de ressignificar a dor da perda. Chora-se por um objeto que se perdeu, mas que não se tem a consciência do que seja. É o pranto pranteado sobre um túmulo vazio.

Depois de um suspiro profundo, o padre Epifânio continuou:

— É simplesmente a sensação de um vazio. Estou me sentindo falido, esgotado enquanto ser humano. Sinto uma tristeza inominável. E eu diria que, mais do que tristeza, tenho sentido ansiedade. Entrei em contato com o doutor Oliveira e ele me receitou um ansiolítico.

— E o que tem causado tanta ansiedade?

— Não sei. *Sinto-me confuso.*

— *Você anda ansioso ou insatisfeito?*

Não é meu intuito aqui fazer uma detalhada descrição acerca da natureza da ansiedade sob a ótica psicanalítica, nem mesmo sob a ótica da psicologia ou da psiquiatria, pois fugiria de minha competência. Todavia, permitam-me fazer apenas um comentário. E começo citando a doutora Ana Beatriz que, em seu livro *Mentes ansiosas,* assim escreveu: "a ansiedade possui diversas facetas, e todas, a partir de determinada 'quantidade', mostram-se disfuncionais, modificando negativamente nosso cotidiano, transtornando nossa vida e, até mesmo, nos paralisando diante de tudo e de todos"[61].

As "facetas da ansiedade", ora se apresentando como "sintomas", ora como sendo a própria patologia, são manifestações cujos efeitos são notáveis tanto na mente quanto no corpo. A CID-10 faz detalhada descrição acerca dos transtornos ansiosos (F41), bem como o DSM-V. Também a autora citada, em seu mencionado livro, nos traz uma ótima e didática descrição desses efeitos, bem como da espúria relação da ansiedade e do medo, que segundo os manuais, compartilham características em comum.

Mas, abandonando por agora as descrições técnicas dos manuais e seus exímios comentadores, levo adiante meu leigo comentário evocando um jargão que se tem repetido com certa frequência, que diz mais ou menos assim: "A depressão é excesso de passado, o estresse é excesso de presente e a ansiedade é excesso de futuro". Essa associação da ansiedade com o futuro não é mera imaginação do senso comum, mas encontra amparo no próprio DSM-V quando afirma que "Medo é a resposta emocional a ameaça iminente real ou percebida, enquanto ansiedade é a antecipação de ameaça futura"[62].

Todavia, *data venia*, associar a ansiedade ao futuro, ao menos em suas formas patológicas, parece-me transcurar uma realidade fundamental da mente humana, a saber, que ela se constitui a partir de suas condições neurológicas (função cerebral) e da forma como o sujeito introjeta e simboliza suas experiências com o meio. Dito isso, a mim parece, analisando por uma perspectiva de caráter mais psicanalítico, que a ansiedade tem muito mais a ver com o passado do que com o futuro, ou seja, está mais relacionada com o que o sujeito já viveu do que com o que ele viverá. É como se temêssemos reviver alguma experiência negativa naquilo que estamos para vivenciar. Assim sendo, a ansiedade tem sua raiz em uma experiência traumática.

---

[61] SILVA, A. B. B. **Mentes ansiosas**: medo e ansiedade além dos limites. Rio de Janeiro: Editora Objetiva, 2011. p. 21.

[62] AMERICAN PSYCHIATRIC ASSOCIATION, 2014, p. 189.

A ansiedade, poderíamos dizer grosso modo, tem seu caráter normal e patológico. Ela, em seu estado normal, não nos traz grandes sofrimentos nem nos impede de agir e operar, pois, sendo pontual, também possui seu objeto descritível e identificável. Nesses termos, ela faz parte de nosso estilo de vida e não demanda um tipo de tratamento específico. Ainda que portadora de medo, e sustentada por um sentimento de insuficiência, a ansiedade, fora de seu estado patológico, em muitos casos, serve inclusive de motivação. Não podemos, todavia, identificá-la plenamente com a expectativa. Nela, em certo nível, o medo e a insegurança estão presentes; na expectativa, não necessariamente.

Acredita-se, segundo o jargão mencionado, que a ansiedade é antecipação de aspectos negativos de um evento que está para acontecer, de forma que se dá a ilusão de que a fonte de nossa ansiedade está no futuro. No entanto, a ansiedade, principalmente em seu estado patológico, não se dá por antecipação do futuro, mas sim por transposição de aspectos negativos de um evento traumático para o futuro, cuja consequência é vivenciada no presente. Caberia aqui citar um ditado popular que afirma: "Gato escaldado tem medo de água fria". Ou seja, a pessoa ansiosa possui, na verdade, um bloqueio, de forma que a ansiedade é um sintoma de um material recalcado que está ameaçando retornar por ocasião de uma possível oportunidade futura.

Permitam-me ainda chamar a atenção para uma outra curiosidade. Se a ansiedade é anteposição de aspectos negativos de um evento que está para acontecer, ela se funda na fantasia e não na realidade, uma vez que o que se espera que aconteça é apenas uma conjectura, pois não é dito que a coisa vai acontecer como se espera que aconteça. É uma criação imaginária. Mas se a ansiedade é transposição de aspectos negativos de eventos traumáticos, ela se funda no real, uma vez que é no real que o trauma se esconde, fora da realidade alcançada pela consciência. O real está no inconsciente.

Mas, como eu disse, não é minha intenção fazer uma descrição da ansiedade pormenorizada. Quis apenas apresentar uma curiosidade de natureza psicanalítica[63]. Foi o que vivi até então que gerou em mim um estado de

[63] Se quisermos falar da ansiedade sob o prisma da psicanálise, devemos aproximá-la ao máximo possível do conceito de angústia, uma vez que, ambas são sintomas da ameaça do retorno do recalcado. Para aqueles que quiserem aprofundar tal conceito, indico, entre tantas outras possibilidades, as seguintes leituras, lembrando que o tema da angústia está presente e disseminado em toda a vasta obra de Freud: *Conferências introdutórias à psicanálise* (1916-1917), terceira parte, n. 25; *Luto e Melancolia* (1917); *O mal-estar na civilização* (1929), entre outras.

ansiedade, e não o que estou para viver. A questão é que, uma vez instalada no sujeito, a ansiedade compromete o futuro, pois, estando nele transpostos aspectos negativos de eventos traumáticos, ela lança sobre o presente uma sombra de dúvidas, medos e incertezas.

A ansiedade pode facilmente ser confundida por um estado de insatisfação, colocando, de certa forma, o sujeito em uma posição de espera, retirando dele toda a iniciativa e anulando qualquer tentativa de tomada de rédeas. Movimentar-se é, portanto, para um distímico, além de fadigoso, um ato de violência. O grande paradoxo está formado: ele não pode ficar, mas não sabe para onde ir.

— *Se estou insatisfeito ou ansioso? Creio que as duas coisas. A insatisfação me causa ansiedade* – respondeu o padre Epifânio.

— *E com o que você está insatisfeito?*

— *Não sei exatamente. Acho que comigo mesmo. Com o que me tornei.*

— *E não consegue mudar?*

— *Não.*

— *Não consegue ou tem medo?*

— *Já fui mais corajoso.*

— *O que mais tem lhe causado medo?*

— *Olhar para frente e não ver com clareza a estrada.*

— *E por que isso o assusta?*

— *Talvez porque me vejo muito sozinho.*

— *O que você teme perder?*

— *Tenho medo de ferir. De decepcionar.*

— *A quem?*

— *A todos.*

— *Você já feriu ou decepcionou alguém?*

— *Sim. Várias vezes. Acho que esse é um de meus dramas. Não importa o que faço, nem o que escolho fazer, sempre irei ferir e decepcionar.*

— *Alguém já lhe disse que você é uma decepção?*

— *Diretamente,* não. Mas tenho espelhos.

— *Espelhos?*

— Olhares.

— Você já decepcionou seus pais?

— Talvez sim.

— Eles já falaram.

— Meu pai, não. Mas minha mãe, talvez, de forma indireta.

A esse ponto, o padre Epifânio silenciou, como se estivesse tendo alguma recordação desagradável. O doutor Sócrates também se manteve em silêncio. Depois de algum tempo, o padre Epifânio voltou a falar.

— Tenho pensado em parar. Dar um tempo, cuidar de minha saúde e buscar reencontrar-me. Sinto-me perdido.

— Você disse estar se "sentindo falido, esgotado enquanto ser humano". E enquanto padre?

— Acho que não posso separar minha humanidade do meu sacerdócio. Sinto-me falido também como padre. As coisas já não fazem muito sentido para mim. Sinto um vazio, uma insatisfação. Tenho medo de me tornar mais um funcionário da Igreja.

— Como assim? O padre não é um funcionário da Igreja?

— Não se entendermos "funcionário" a partir de uma relação trabalhista. A relação do padre com a Igreja vai além de uma prestação de serviços em vista ao recebimento de salário. É uma relação mística, de pertença e configuração a Cristo.

— Então seu medo é de não estar vivenciando essa configuração mística?

— Exato. Não quero encarar o ministério sacerdotal como um emprego ou como meio de sustento. Se eu ficar, deve ser por amor, e não pelos privilégios e pelas benesses da vida clerical. Considero que seja um ato de amor e respeito à Igreja renunciar quando não se é mais capaz de ser o padre segundo o desejo de Cristo.

— Você está pensando, portanto, em renunciar ao sacerdócio?

— Sim.

Pelo andar da carruagem, isso já era de se esperar. Há tempos, desde antes de o padre Epifânio assumir a atual paróquia, seu desânimo já era notado. Ele, aos poucos, foi perdendo a alegria de estar com as pessoas. E quando o padre não vê mais sentido em estar com o povo, algo essencial de seu sacerdócio está em perigo.

— Fale-me mais sobre essa possibilidade que você está considerando.

— Não sei. Acho que não tenho muito a dizer. É difícil explicar.

— Tente.

— Creio que houve um desencantamento.

— Com a Igreja?

— Não. Comigo mesmo.

De fato, não houve de sua parte uma frustração em relação à Igreja, ou ao clero, ou à diocese. Ao que tudo indica, sua frustração foi consigo mesmo. Ele sentia que, aos poucos, as coisas iam perdendo sentido. Atos, rituais e celebrações começavam a tornar-se atividades mecânicas e, na maioria das vezes, alguns chegavam a lhe custar caro, psiquicamente falando. O que posso dizer, do pouco que eu sei, é que não existiu uma causa, mas uma sucessão de causas e todas elas têm muito mais a ver com suas questões existenciais mal resolvidas do que com as exigências da Igreja.

— Desencanto consigo mesmo – falou o analista, como se estivesse pensando alto.

— Sim. Sabe, às vezes eu tenho a impressão de que existem dois de mim. Um é como me sinto, o outro, como as pessoas querem que eu seja.

— Como você se sente?

— Humano, demasiadamente humano, usando uma expressão do filósofo Nietzsche, que inclusive é um título de uma de suas obras.

— O que é ser demasiadamente humano?

— Frágil, limitado, carente, vulnerável e a lista continuaria.

— Como você acredita que os outros o veem?

— Eles creem ou esperam que eu seja perfeito, santo, ilibado, forte, alegre sempre. Eles não conseguem enxergar no padre o ser humano por debaixo da batina. Não entendem nossas tristezas, angústias, fraquezas, enfim. Ingenuamente, creem que o padre está tão pleno de Deus que já não é mais um ser humano.

— Você se vê como um impostor? Uma fraude?

— Não. Tenho consciência do que sou e busco não esconder nem omitir minha humanidade limitada e frágil. Mas sim, se eles pudessem enxergar como sou de fato, despido de meus ornamentos clericais, eles se assustariam e me

considerariam uma fraude. Não sou um impostor, pois não me escondo em meus paramentos. Mas as pessoas veem somente o que elas querem enxergar e projetam em mim, enquanto padre, uma idealização cristã que não existe. Eles não enxergam a humanidade do sacerdote.

O padre Epifânio continuou, então, falando do paradoxo entre como ele se vê e como as pessoas desejam que ele seja. Mas, aos poucos, o que ia ficando mais claro, até porque o padre já havia dito antes que foi ele quem se frustrou consigo mesmo, era que quem mais exigia dele era ele mesmo. A grande questão não era o paradoxo entre ele e os outros, mas dele consigo. Entre como ele se sentia e como ele desejaria ser, existia um abismo. O "Eu" idealizado do padre Epifânio não correspondia ao seu "Eu" possível de ser.

— *Não consigo ser mais o padre que a Igreja merece, nem o padre segundo o coração de Cristo. Talvez não tenha maturidade emocional e, sobretudo, espiritual para superar esta crise que vem se arrastando já há anos e eu não me dei conta. Não tenho a grandeza de espírito nem a magnitude de alma de um João da Cruz ou de uma Tereza de Calcutá, que atravessaram suas noites escuras e seus desertos com a persistência de uma fé abraâmica, que transcendia qualquer motivação humana ou recompensa psíquica. Reconheço e confesso que está me faltando aquela mística configuração com Cristo que, mesmo sentindo-se abandonado por Deus na cruz*[64]*, soube confiar para além de qualquer evidência e entregar-se nas mãos de seu Pai*[65]*. Talvez eu tenha tentado servir a um Deus e não a um Pai.*

Não estou aqui para julgar ninguém, mas, se eu pudesse apontar um equívoco cometido pelo padre Epifânio e, de certa forma, por muitos outros padres, seria o fato de permitir que o ativismo pastoral se sobrepusesse aos necessários momentos de oração, contemplação e silêncio diante do Sacrário. Ele acreditou que seria um bom padre se sua paróquia estivesse organizada, com as contas todas pagas e as pastorais funcionando como agregadoras de pessoas e não de fiéis.

Sei que eu não deveria estar emitindo juízos de valor, mas o racionalismo do padre Epifânio pode ter atrapalhado um pouco. Ele sempre colocou a razão à frente da fé (às vezes considerada por ele ingênua). Acreditava

---

64 *Cf.* **Mc 15,34**. *In:* BÍBLIA de Jerusalém. Nova edição, revista e ampliada. 4. impr. São Paulo: Paulus, 2006. p. 1784.

65 *Cf.* **Lc 23, 46**. *Ibidem*, p. 1832.

estar formando cristãos mais convictos e menos supersticiosos. Dedicou-se deveras à catequese e organizava suas homilias de forma tão didática que passou a ser conhecido como um bom orador. Pessoas frequentavam suas celebrações e depois vinham elogiá-lo por sua homilia. Eu via o quanto ele ficava vaidoso com isso. Ele quis ser um padre inteligente e se esqueceu de ser um padre sábio. O padre sábio é aquele que coloca a capacidade de escuta à frente da capacidade de fala. Epifânio falava muito e escutava pouco.

Uma coisa, porém, precisa ser dita: o padre Epifânio não tinha má intenção. Talvez seu ativismo e sua eloquência fossem apenas uma fuga, uma forma de esquivar-se do silêncio contemplativo, aquele que o colocaria não apenas diante de Deus, mas, sobretudo, diante de si mesmo. Talvez ele tivesse medo do que pudesse ver nele mesmo, ou talvez fosse vergonha. A impressão que eu tinha era que ele estava a todo momento querendo provar para si mesmo, ou para alguém, que ele era capaz. Mas capaz de quê? De ser um bom padre? De ser competente? No entanto, ele errou ao acreditar que ser um bom e competente padre fosse assumir uma atitude vaidosa, orgulhosa e ambiciosa de ter uma paróquia organizada e bem administrada. Não aprendeu que ser um bom e competente padre seria estar comprometido com as práticas da caridade e de misericórdia, e não com as práticas moralistas e disciplinadoras.

— *Eu já me decidi. Inclusive,* já marquei uma audiência com o *bispo. Estou apenas aguardando ele me convocar* – disse o vigário, quebrando o silêncio.

— *Não gostaria de esperar mais um pouco?*

— *Não. Creio que não vim aqui para tomar uma decisão. A decisão já foi tomada.*

— *Então, por que veio?*

— *Talvez para compreender a decisão que tomei.*

Ao final da sessão, nosso vigário relutou um pouco antes de se levantar da poltrona, quase como se esperasse da parte do analista uma palavra de conclusão, um amém, talvez, ou alguma orientação que ele devesse seguir como forma preparatória para a próxima sessão. Mas o analista apenas o acompanhou até a porta, despedindo-se com um "Até a próxima semana".

Ao fechar a porta, o doutor Sócrates foi até sua cafeteira para passar um café bem forte, do jeito que ele gostava. Isso já se tornou um ritual para ele. O padre Epifânio é seu último paciente[66] do dia. Enquanto toma seu café, ele organiza suas ideias, depois, organiza seu consultório e, só então, vai para casa.

Ultimamente, ir para casa não tem sido tão prazeroso assim, pois, divorciado há pouco tempo e tendo que se mudar para um apartamento novo, vê-se um tanto solitário e, principalmente, sente saudades de sua filha: Sofia. A propósito, enquanto se preparava para ir embora, lembrou que o aniversário dela seria no próximo final de semana e ele tinha que comprar um bom presente para ela, uma vez que estava se sentindo culpado por faltar a uma apresentação dela na escola. "Doze anos, como o tempo passa rápido. Parece que foi ontem quando ela chegou", disse ele em voz baixa, olhando para a foto dela em sua estante.

Nosso analista, enfim, foi para casa descansar. A semana estava apenas começando e ele tinha um ar de esgotamento. "Tenho vontade de parar", pensou ele, recordando o que havia dito o padre. "E quem não tem?", concluiu. O dever foi a resposta do vigário. Qual seria a resposta do nosso solitário analista?

[66] Alguns preferem se referir ao analisando como cliente e não paciente. Para mim, é só uma questão de linguagem. Apesar de a palavra cliente me dar a impressão de uma relação imediatamente fundada no dinheiro, enquanto paciente, parece colocar o tratamento em primeira instância.

SESSÃO: "POSSIVELMENTE UM NEURÓTICO OBSESSIVO"

Freud, já no início de sua atuação como médico, deparou-se com uma forma de sofrimento que, à época, chamava-se histeria e que a medicina tradicional se negava a tratar, pois considerava ser uma manifestação caprichosa de mulheres mal-amadas e sexualmente reprimidas. Ele, no entanto, não contente com o descaso e com o tratamento dado a essas mulheres, buscou compreender as causas de tais sofrimentos e a forma adequada para tratá-las. É claro que ele não esteve literalmente sozinho nessa empreitada, mas é dele o mérito da descoberta do método psicanalítico e da teorização de tal método.

Assim, após anos de pesquisa e prática clínica[67], Freud estruturou as bases da psicanálise, dando a ela uma coesão teórica e metodológica, sem, contudo, dar por completa sua obra, acreditando que outros dariam prosseguimento àquilo que ele havia iniciado. Em sua carta endereçada ao congresso de neurologia e psiquiatria, publicada em 1913 com o título *Princípios básicos da psicanálise*, Freud assim escreve:

[67] Não poderei fazer um relato histórico da evolução de como Freud chegou à sua compreensão sobre a histeria, suas causas e tratamento, pois fugiria do objetivo modesto desta obra.

> A psicanálise é uma disciplina singular, em que se combinam um novo tipo de pesquisa das neuroses e um método de tratamento com base nos resultados daquele. Desde já enfatizo que ela não é fruto da especulação, mas da experiência e, portanto, é inacabada enquanto teoria. Mediante suas próprias inquisições, cada qual pode se persuadir da correção ou incorreção das teses nela presentes e contribuir para seu desenvolvimento[68].

Como de fato aconteceu. Todavia, permanece atual e válida, principalmente após as intervenções de Lacan, a ideia de que o sujeito se constitui na realidade posicionando-se estruturalmente de três formas, a saber, como estrutura neurótica, psicótica ou perversa. Teoricamente, a psicanálise descreve as três estruturas, explicando como o sujeito se constitui em cada uma delas. No entanto, enquanto técnica de tratamento, a psicanálise se direciona com maior eficácia para as neuroses. Por isso, é importante que o analista consiga, o quanto antes, perceber em qual estrutura seu analisando se encontra. Não que ele deva dar um diagnóstico ou dizer para seu analisando que ele é um neurótico, um psicótico ou um perverso. Mas desse saber dependerá o sucesso ou o fracasso da análise.

O doutor Sócrates nunca disse abertamente em qual estrutura o padre Epifânio está constituído. Até porque não é necessário que o analisando tenha essa informação. Por outro lado, é preciso que o analista tenha clareza em qual estrutura se encontra seu analisando a fim de manejar o tratamento da forma adequada. E estar estruturado na neurose obsessiva não é o mesmo que estar acometido por um estado patológico. A estrutura não se confunde com a patologia. A forma como o sofrimento se manifesta em um neurótico obsessivo, por exemplo, é diferente de como ele se manifesta em um neurótico histérico.

O padre Epifânio ainda estava resistente a fazer uso do divã. Era como se aquela posição o deixasse mais vulnerável. Sentado, ele tinha a sensação de estar no controle. Parece engraçado dizer isso, mas, no fundo, o que ele temia era que, no divã, ele fosse de alguma forma hipnotizado e que o analista conseguiria arrancar dele seus segredos mais obscuros. Por outro lado, às vezes, ele tinha a impressão de que o doutor Sócrates conseguia ler

---

[68] FREUD, S. Princípios básicos da psicanálise (1913). *In*: FREUD, S. **Obras completas (1911-1913)**. Tradução de Paulo César de Souza. São Paulo: Companhia das Letras, 2020. v. 10. p. 269.

sua mente e saber o que ele estava pensando. Isso era horrível. São mitos que giram em torno da figura do analista. A resistência ao tratamento é, no entanto, muito comum na análise.

Na sessão anterior, que não está narrada neste livro, mas sobre a qual trarei algumas informações quando necessário, o padre Epifânio havia se queixado de seus medos e dificuldades na nova paróquia que havia assumido há pouco mais de três meses. Segundo ele, tratava-se de uma comunidade bastante animada e com uma vida pastoral intensa.

— Há alguns anos seria maravilhoso, mas, nesse momento em que me encontro desanimado e deveras cansado, está sendo para mim uma tortura, pois não estou conseguindo acompanhar o ritmo e temo frustrar a paróquia em vários aspectos – foi o que ele havia dito na semana passada.

— *Tentei convencer o bispo de que eu não estava em um bom momento, mas ele, como de costume, ignorou minha realidade pessoal e chegou a afirmar que eu precisava era exatamente de uma paróquia como aquela, que me desse uma injeção de ânimo.*

O padre Epifânio ainda relatou a dificuldade de as pessoas compreenderem quando o padre se queixa de algum tipo de sofrimento psíquico ou emocional, todos ingenuamente acreditam que tudo pode ser resolvido com rezas e preces. Estando sentado na poltrona de sempre, o padre Epifânio parecia encolhido nela e, como de costume, ficava esperando como que um certo ritual para dar início à sessão, uma espécie de invocação da Trindade ou algo parecido. Desta vez, o doutor Sócrates teve piedade e abriu a sessão:

— *Então, como estão as coisas na paróquia?*

— *A paróquia é fantástica. As pessoas estão se esforçando para que eu me sinta acolhido. Mas o problema sou eu. Preciso agir o mais rápido possível. Quanto mais tempo passar, mais difícil será, para mim e para a paróquia.*

— *Você já conversou com o bispo?*

— *Ainda não. Mas já solicitei uma audiência e lhe pedi urgência. Creio que ele me convocará na cúria a qualquer momento.*

— *E quanto à ansiedade, continua fazendo uso de medicamentos?*

— *Sim. Estou uma pilha. Acho que tenho tendência a supervalorizar as dificuldades, sou meio apocalíptico, pessimista e cético.*

— *É assim que você se vê?*

— *É assim que eu sou.*

— Tá. *Fale-me mais sobre você então. Quem é Epifânio?*

— *"Decifra-me ou devoro-te"*[69]*, eis a questão vital. Acho que sou o tempo, tal qual entendia Santo Agostinho que afirmou: "Se não me perguntas eu sei, mas se tenho que te responder já não sei"*[70]*. Talvez tudo em mim revele o que sou, ou talvez em tudo eu tente me esconder. Não sei se estou nos detalhes ou nos excessos.*

O doutor Sócrates entendeu que o vigário poderia sustentar por horas esse discurso filosófico do "Conhece-te a ti mesmo", mas ele também percebeu que seria uma fala estéril. Então resolveu intervir. Evidentemente o padre Epifânio estava resistindo em revelar-se, claro, não era uma escolha consciente, porém o excesso de prudência que até então permeava sua fala demonstrava que ele ainda não se sentia à vontade ou, em termos psicanalíticos, ainda não havia se constituído de forma sólida a transferência.

Durante o tratamento, o obsessivo[71] impõe certas resistências. O garimpo de si mesmo não é fácil, muito menos prazeroso. Vê-se em um espelho não é certeza de autoreconhecimento, pois a imagem projetada não é a que se espera ver. O espelho é cruel e nos fala de coisas que gostaríamos de não escutar.

Uma outra forma de resistência é, segundo Maria Anita, "a competição especular com o analista"[72]. No entanto, todo esforço de resistência por parte do analisando será frustrado, pois as ideias recalcadas são uma ameaça constante ao obsessivo. Ainda citando a autora mencionada:

> Ao contrário do que acontece na histeria, na neurose obsessiva o recalque é frágil, ou seja, as ideias recalcadas, proibidas, ameaçam com frequência emergir na consciência. Para evitar que isso aconteça, o obsessivo utiliza os chamados mecanismos auxiliares de recalque: anulação e isolamento[73].

---

[69] Referência ao mito de Édipo, quando este a caminho de Tebas deparou-se com a esfinge que lhe lançou este enigma e, respondê-la era uma questão de sobrevivência.

[70] *Cf.* AGOSTINHO. **Le Confessioni.** Traduzioni a cura di Aldo Landi. 10. ed. Milano: Paoline, 2004. p. 348.

[71] Pressupondo que esta seja a estrutura subjetiva de Epifânio.

[72] RIBEIRO, M. A. C. **A Neurose Obsessiva**. Rio de Janeiro: Zahar, 2015. p. 38.

[73] *Ibidem*, p. 39.

A anulação está nas ações repetidas e compulsivas pelas quais o sujeito entra em um processo redundante de realização de uma ação e sua negação. Assim, ele acredita estar anulando sua significação. Já no isolamento, por meio de um discurso bem elaborado e, aparentemente lógico, o sujeito obsessivo busca fugir da palavra "reveladora" de seu desejo proibido e, esvaziando-a de seu sentido, poder dizê-la nos lapsos de sua fala.

Para desmontar as barreiras da resistência, o analista precisa intervir de forma incisiva; em uma linguagem lacaniana, deve fazer o corte. McWilliams afirma que "com pacientes neuróticos, os comentários do terapeuta podem ser raros, com o objetivo de serem impactantes quando feitos"[74]. Antes que o padre Epifânio levasse adiante sua reflexão filosófica acerca do "conhece-te a ti mesmo", o doutor Sócrates o interrompeu:

— *Você se considera uma pessoa dinâmica ou metódica?*

— *Sou extremamente cartesiano* – respondeu ele após alguns segundos pensativo.

— *Gosta dos rituais?*

— *Sou um padre* – respondeu ironicamente Epifânio.

— *Você se tornou padre por gostar dos rituais?*

— *Não foi isso que quis dizer. Mas sim, sou apegado aos ritos, cerimônias, atos repetitivos, enfim. Sem eles, sinto-me totalmente perdido. Preciso deles para me sentir seguro.*

— *O que acontece quando você deixa de cumprir um ritual que você considera muito importante?*

— *Fico sendo atormentado por pensamentos trágicos, acreditando que alguma coisa vai dar errado, comigo ou com alguém que amo.*

O neurótico obsessivo se apresenta como uma pessoa insegura, que precisa sempre de uma voz de comando ou um ato de aprovação do outro. É como se ele, sabendo que pode errar, requisitasse de um outro a possível responsabilização por seus fracassos. Ele teme o fracasso, pois não consegue admitir com facilidade suas limitações. Todavia, o obsessivo organiza sua vida como um ritual, e é uma forma de acreditar ter o controle de tudo; porém esses rituais, se de um lado conferem sentido à sua vida, do outro,

[74] McWILLIAMS, 2014, p, 109.

quando excessivos, lhe causam grande sofrimento, fazendo-o refém de suas conjecturas.

Responsável e metódico, o obsessivo busca assegurar seu espaço de domínio e ação e, somente assim, se sente seguro e em sua zona de conforto. Ele, sem espírito aventureiro, cria para si, e quando possível para outrem, uma rotina que deve ser executada religiosamente sob a pena do fracasso. Segundo a descrição feita por Charles Melman, "Ele é partidário da discrição; ele é cheio de pudores; tem escrúpulos morais, não quer nunca ferir o outro; com frequência ele é culto"[75]. Todo esse pudor, no entanto, revela a "subserviência" do obsessivo à autoridade do pai.

Fora da crise, ele é o que pode ser considerado "o normal" em relação ao comportamento desejável nas relações sociais. Ainda segundo Melman: "o obsessivo é o melhor entre nós. Em todo caso, é o que quer ser o melhor"[76].

No entanto, mesmo tendo o comportamento desejável a um indivíduo em suas relações interpessoais, é pelo nível de sofrimento psíquico que se pode perceber seu estado patológico. Responsável e fiel, porém parece sempre agir ao aberto, como se estivesse desprotegido dos olhares acusadores, sendo estes representações do olhar do pai severo.

Em uma outra sessão, que não irei narrar aqui, Epifânio se queixava de sua fobia por aranhas, principalmente aquelas grandes e peludas.

— *Nunca fui atacado por uma aranha* – disse ele. — *Então por que as temo tanto?*

Nesse momento, o doutor Sócrates fez uma observação interessante:

— *As aranhas possuem muitos olhos.*

O que incomoda Epifânio, então, seria o olhar do outro, substituto do olhar paterno?

E quando o doutor Sócrates o questionou sobre o fato de ser um padre e estar sempre em evidência, não só na sociedade como figura de destaque social, mas nas liturgias como figura central, Epifânio disse que se sentia protegido na liturgia por seus paramentos.

— *Eles me olham, mas não me veem.*

---

75 MELMAN, C. **A neurose obsessiva**. Rio de Janeiro: Companhia de Freud, 2007. p. 14.

76 *Idem.*

Em sua condição social, seria mais ou menos isso também. As pessoas veem o padre, mas não o ser humano por trás do padre.

Mas e quanto às características descritas por Epifânio presentes nas aranhas que lhe dão medo? Por que justamente as grandes e peludas? Teria ele suprimido, ou melhor, reprimido alguma recordação de sua infância? Talvez em algum momento tenha visto a nudez de sua mãe e, além do choque da ausência do falo (pois toda criança acredita que todos, homens e mulheres, possuem o falo), também deva ter ficado impressionado com o formato da vagina que, possivelmente, era coberta de pelos[77]. E se meu pai ficar sabendo que vi minha mãe nua? Este seria um medo inconsciente da castração! Mas tudo isso são conjecturas construídas por uma "arqueologia" da mente e sua forma de sofrer.

Retomando a questão do obsessivo, o grande paradoxo é que, quanto mais se esforçam para serem melhores, maior é a intensidade de sua dor. Teria tudo para ser a "figura ideal" se não fosse pelo fato de que, todo esse comportamento pudico, impecável do ponto de vista moral, enfim, não fosse apenas um disfarce que esconde um sujeito brutalmente atormentado pela possibilidade do juízo alheio, pelos seus pensamentos acusatórios e suas ideias fixas e torturadoras.

O disfarce da vida perfeita do obsessivo se desfaz quando sua obsessão compromete sua qualidade de vida, causando-lhe um sofrimento psíquico demasiado e que ele não consegue mais suportar.

— *Fale-me mais sobre seu cartesianismo* – solicitou o analista.

— *Praticamente eu tenho um ritual para cada coisa, o que torna minha vida previsível, porém me confere uma certa segurança psíquica*[78]. *Odeio imprevistos. Sofro quando tenho que quebrar minhas rotinas ou quando não posso fazer as coisas do jeito que acredito ser o certo. E isso vale para questões mais complexas e, também, para questões que, muitas vezes, passam despercebidas, mas as executo como se estivesse com o piloto automático ligado.*

[77] Essa hipótese ganhará força quando, lá na frente, em outra sessão, que também não constará neste livro, e na qual Epifânio já não exercia mais seu ministério, ao falar de sua intimidade com sua parceira sexual, ele revelou para seu analista sua preferência por vaginas sem pelos.

[78] Isso me fez lembrar do que nos diz Saint-Exupéry a respeito dos ritos. Eles diferem um dia do outro e conferem sentido à vida. *Cf.* SAINT-EXUPÉRY, Antoine de. **O principezinho**. Com aquarelas do autor. Prefácio de Valter Hugo Mãe. Porto: Livraria Lello, 2017. p. 97. No entanto, o rito celebrado pelos obsessivos em crise não lhes confere sentido à vida, mas a princípio, além de parecerem sem sentido algum, são sintomas de um sofrimento psíquico.

— Dê-me um exemplo de algo que aos olhos dos outros poderia parecer banal, mas que para você seja importante que você execute daquela determinada forma.

— Como eu disse, tenho um ritual para cada coisa. O jeito que preparo meu café segue uma ordem quase que como uma receita. A posição do meu chinelo quando vou dormir, ao ponto de, se eu precisar levantar-me no escuro, saber exatamente onde ele está e a forma como está, assim não terei dificuldade para *calçá-lo. Gosto que cada coisa esteja exatamente em seu devido lugar, que é o lugar que eu mesmo designei para elas. Meu guarda-roupa está organizado seguindo uma lógica e, quando ele está bagunçado,* é porque *estou em crise. Minha biblioteca sempre está muito organizada, enfim, até a forma como disponho a comida em meu prato segue uma lógica. Se colocarem o feijão sobre o arroz, por exemplo, perco o apetite. Coloco tudo no mesmo prato, mas sem misturá-los. Enfim, essas bobagens.*

— Quando você se sente confuso, o que você faz para clarear suas ideias?

— Arrumo as coisas. Arrumo a casa, meu guarda-roupa, minhas gavetas, lavo os pratos, busco colocar alguma coisa em ordem e, fazendo assim, consigo também organizar minhas ideias.

— É assim também na paróquia?

— Sou conhecido pela minha pontualidade e organização.

— A paróquia que você assumiu há pouco tempo, você a chamou de dinâmica e qual foi mesmo a outra expressão?

— Viva. É uma paróquia viva!

— E você tem dificuldades de lidar com as coisas dinâmicas ou vivas?

— Sim. Tenho a sensação de que fogem ao meu controle.

— Por que você sente essa necessidade de controlar as coisas à sua volta?

— Talvez para me sentir seguro.

Sim. Ordem, comodidade, estabilidade, entre outras realidades inanimadas, fazem parte da rotina dos obsessivos. É como se ao controlar o lado de fora, ele sentisse que também está no controle do lado de dentro. Mas, ao responder que ele busca segurança, a questão que se impõe é: por que ele se sente tão inseguro? Qual é a fonte dessa insegurança? Em qual momento marcante de sua vida Epifânio se sentiu desprotegido e abandonado? A própria religiosidade, como busca de Deus, que é pai providente, não seria um sintoma desse sentimento ou dessa necessidade de ser protegido? O que de fato o ameaça? Claro, são respostas que virão com o tempo, e o doutor Sócrates sabe que respostas antecipadas que venham antes da pergunta justa não produzem o efeito esperado.

Em terminologia clássica, a psicanálise fala da existência de três estruturas: a neurose, a psicose e a perversão. A neurose se forma a partir do recalque. A psicose se forma a partir da não inscrição do simbólico no inconsciente, ou seja, da foraclusão do nome do pai, no qual o sujeito reconstrói uma realidade delirante e alucinatória. Já a perversão, mantida pela denegação ou desmentido da castração no Outro, faz com que o sujeito, ao mesmo tempo, aceite ou negue a realidade da castração quando se defronta com a falta no Outro, desmentindo-o e produzindo uma fixação na fase fálica. O perverso toma o lugar do pai como criador de suas próprias leis.

As estruturas, segundo Freud, são formas da defesa da mente e, portanto, é a forma como o sujeito se constitui frente à realidade a partir de seu desejo. Em se tratando da neurose, dirão Laplanche e Pontalis, "é uma afecção psicogênica em que os sintomas são a expressão simbólica de um conflito psíquico que tem raízes na história infantil do sujeito e constitui compromissos entre o desejo e a defesa"[79]. A esse propósito, Nasio afirma que:

> A neurose é uma maneira ruim de nos defendermos, a maneira imprópria que inadvertidamente empregamos para nos opormos a um gozo inconsciente e perigoso. Se ficamos doentes, neuroticamente doentes, é justamente por procuramos teimosamente nos defender de um gozo doloroso. E, ao fazê-lo, defendemo-nos mal. Defendemo-nos mal porque, para aplacar o caráter intolerável de uma dor, não tivemos outro recurso senão transformá-la no sofrimento neurótico (sintomas). Por fim, só fizemos substituir um gozo inconsciente, perigoso e irredutível por um sofrimento consciente, suportável e, em última instância, redutível. Assim, as três neuroses clássicas podem se definir segundo o modo particular que o eu tem de se defender. Existem, portanto, três maneiras – maneiras ruins, insisto - de lutar contra o gozo intolerável, e, por conseguinte, três modos diferentes de viver a própria neurose[80].

[79] LAPLANCHE; PONTALIS, 2016, p. 296.

[80] NASIO, J.-D. **Lições sobre 7 conceitos cruciais da psicanálise**. Tradução de Vera Ribeiro. Rio de Janeiro: Zahar, 2012. p. 20.

A neurose obsessiva, portanto, segundo Maria Anita, denuncia os impasses do Eu e seus desejos inconscientes[81]. Esses impasses se instauram a partir do momento em que o Eu sofre com a cruel vigilância do Supereu. Assim, o recalcamento é o material agente na formação da neurose. A ideia recalcada é separada do afeto, e este é jogado no inconsciente. No entanto, esse afeto recalcado retorna e se prende a uma nova ideia, fazendo com que o sujeito sofra no campo psíquico. "De fato, ao contrário da histeria, em que o sintoma se manifesta primordialmente no corpo, na neurose o sujeito sofre dos pensamentos"[82], escreveu Maria Anita.

Qual defunto nosso vigário busca a duras penas manter sepultado? Qual demônio lhe atormenta a alma ao ponto de estremecer suas defesas psíquicas? Ao refugiar-se na organização, na limpeza, no ordenamento das coisas, ele mantém afastado o fantasma que surge do caos, da desordem e da sujeira. Qual desejo latente lhe causa tanta dor, ao ponto de entristecê--lo com a sua ameaça? O que lhe destruiria o "Ego" que custosamente ele construiu ao longo de sua vida? Fico de longe observando essa cena, um padre sentado frente a um psicanalista, que se diz ateu, resistindo a colocar à prova o seu Deus com receio de novamente sentir-se sozinho, abandonado e desprotegido.

Um dos paradoxos vividos pelo neurótico obsessivo é que, inconscientemente, ele pode estar desejando que aconteça justamente aquilo que está tentando evitar.

— Esses dias, aconteceu que eu tive que sair pela manhã para resolver alguma coisa na rua e, ao chegar no carro, veio-me a dúvida se eu tinha deixado ou não o fogão desligado. Detalhe: eu não havia ligado o fogão naquela manhã e eu sabia disso. Por mais que racionalmente eu tentasse me convencer de que não havia a menor possibilidade de ter deixado o fogão ligado, pois eu não o havia usado, a ideia de que ele poderia estar ligado e a possibilidade de um acidente terrível acontecer me atormentou de tal forma, que eu tive que retornar em casa para verificar. Eu temia que minha casa pegasse fogo.

— Sua casa ou a da paróquia?

— Da paróquia. Foi o que quis dizer.

---

[81] *Cf.* RIBEIRO, 2015, p. 7.

[82] *Ibidem*, p. 16.

— Quer falar um pouco mais sobre isso?

— Não. Mas a imagem da casa pegando fogo povoou minha mente durante todo o dia, e isso me deixou angustiado. Se a casa pegasse fogo, para onde eu iria?

Temer o que se deseja. Eis a questão! O sofrimento e a angústia se dão a partir do momento em que o sujeito obsessivo confunde o "pensar" com o "desejo" daquilo que se pensa, ou seja, confunde o pensar em algo e o desejo que este algo venha a acontecer. A ideia obsessiva, assim, adquire uma força de fixação e de produção de efeitos que levam o sujeito à compulsão.

A fonte do sofrimento está nesta ideia fixa que, por mais que não corresponda à realidade objetiva do sujeito, faz parte de sua realidade subjetiva e lhe atormenta como uma ideia parasita. Aparentemente, para o nosso vigário, atrasar o que ele tinha para fazer era menos danoso do que ir fazer com a ideia de que o fogão estivesse aceso e de que sua casa estaria em chamas quando ele voltasse. "Para onde eu iria?", não foi apenas uma pergunta retórica, mas sim uma preocupação mediante a possibilidade de que seu desejo fosse realizado. E qual era o seu desejo? O de "ir", mas como não conseguia, precisava de algo que o obrigasse, então.

O padre Epifânio continuou descrevendo sua rotina, identificando as coisas que mais lhe incomodavam e que lhe faziam sofrer, e começou a perceber que muitas das coisas que mais lhe atormentavam estavam no campo da imaginação e não faziam parte da realidade; que ele tem se torturado[83] com pensamentos e ideias que, aparentemente, não fazem o menor sentido; e, por fim, se percebeu amarrado em "pé de coentro", com pequenas manias e com comportamentos comparáveis ao de um "hamster" fazendo sua roda girar.

Após um espaço de tempo em que ambos estavam em silêncio, o analista tentava traçar um perfil de seu analisando a partir de sua reação às suas intervenções, que até então, repito, foram modestas. Vendo que o padre Epifânio se mantinha pensativo, o doutor Sócrates resolveu encerrar a sessão, mesmo faltando cinco minutos para o tempo cronológico combinado.

[83] Estranhamente ele consegue extrair certo prazer em se torturar imaginando-se passando por determinadas situações de sofrimento. Típico de quem se sente culpado.

— *Acredito que por hoje podemos ficar por aqui. Então nos vemos na próxima semana?* – propôs o analista.

— *Sim, claro* – respondeu o vigário, que parecia incomodado com alguma coisa.

O doutor Sócrates acompanhou o padre Epifânio até a porta, como de costume.

Os atos obsessivos, enquanto sintomas, são de natureza simbólica, tal qual o material onírico utilizado no compromisso firmado pelo inconsciente e pelo consciente na produção do sonho. E assim como é preciso decifrar o material se quisermos saber os desejos latentes por trás dos sonhos, é preciso igualmente olhar para os sintomas obsessivos como um material a ser decifrado e, neles, garimpar o desejo, que certamente é de natureza proibida, que busca se manifestar e, contra o qual, a mente do obsessivo está empenhando-se para se defender.

As atitudes ritualísticas, para um obsessivo, agem como um disfarce aos olhares invasivos[84], bem como uma forma quase que mágica de se proteger de algo que ameaça acontecer. Maria Anita, em concordância com as afirmações de Freud, diz que "o obsessivo crê na palavra, na força da palavra, em seu poder, e faz da palavra a sua religião particular"[85].

Freud, em sua obra intitulada *Atos obsessivos e práticas religiosas*, publicada em 1907, vê uma certa semelhança entre os rituais praticados pelos adeptos da religião com os atos obsessivos dos neuróticos. A semelhança está na necessidade psíquica que o sujeito tem de seguir determinados ritos e na culpa ou sensação de medo e de insegurança que toma conta da mente dele ao deixar de cumpri-los.

Não significa dizer que quem pratica ritos religiosos é neurótico obsessivo, mas que certos sujeitos acometidos por esta patologia podem desenvolver práticas religiosas como forma de lidar com as causas inconscientes de sua obsessão. A princípio, a diferença entre os ritos praticados pelos religiosos e os praticados pelos neuróticos obsessivos poderia estar no sentido que pode ser descrito nos rituais religiosos e na ausência deste nos rituais neuróticos. A esse propósito, Freud escreveu: "a diferença de que os pormenores do

---

[84] E eu diria que o olhar mais indiscreto não é o que está fora, mas sim, dentro, ou seja, é o olhar de si sobre si mesmo.

[85] RIBEIRO, 2015, p. 34.

cerimonial religioso são dotados de sentido e simbolismo, enquanto os do cerimonial neurótico parecem tolos e absurdos. Nisso a neurose obsessiva oferece uma caricatura, meio cômica e meio triste, de religião privada"[86].

Todavia, Freud demonstra, a partir da técnica de investigação psicanalítica, que os atos dos obsessivos são igualmente dotados de sentido[87], ainda que não percebidos a olho nu. Ele afirma:

> Essa investigação acaba inteiramente com o que seria a aparência tola e absurda dos atos obsessivos e revela as razões dessa aparência. Descobre-se que os atos obsessivos são perfeitamente significativos em todos os seus detalhes, que estão a serviço de relevantes interesses da personalidade e dão expressão a vivências ainda atuantes e pensamentos investidos de afeto[88].

Dessa forma, não podemos ignorar o sofrimento do obsessivo, por mais tolo que pareçam ser seus atos sintomáticos. Eles possuem um significado e, mais do que isso, são mecanismos de defesa que o sujeito encontrou para lidar com sua dor ou com seu trauma. Em uma outra obra intitulada *Observação sobre um caso de neurose obsessiva (O homem dos ratos)*, publicada em 1909, Freud desenvolve com mais detalhes sua teoria a respeito da obsessão por meio do estudo de um caso clínico. Nessa obra, ele reforça a teoria de que os atos obsessivos, ou melhor, as ideias obsessivas, possuem um sentido e não são desprovidas de motivação:

> Sabe-se que as ideias obsessivas parecem desprovidas de motivo ou de sentido, exatamente como o teor de nossos sonhos noturnos, e o problema imediato que nos colocam é dar-lhes sentido e lugar na vida psíquica do indivíduo, de modo que venham a se tornar compreensíveis e até mesmo óbvias[89].

No caminho de retorno para casa, o padre Epifânio se interrogava se, de fato, a psicanálise poderia ajudá-lo a lidar com sua depressão; se falar da

---

[86] FREUD, S. Atos obsessivos e práticas religiosas. *In*: FREUD, S. **Obras completas (1906-1909)**. Tradução de Paulo César de Souza. São Paulo: Companhia das Letras, 2018. v. 8. p. 304.

[87] *Idem*.

[88] *Idem*.

[89] FREUD, S. Observação sobre um caso de neurose obsessiva (O homem dos ratos). *In*: FREUD, S. **Obras completas (1909-1910)**. Tradução de Paulo César de Souza. São Paulo: Companhia das Letras, 2019e. v. 9. p. 47.

dor, sendo ela existencial, faria seu sofrimento diminuir. Às vezes, ele tem a tentação de pensar que a ignorância nos protege de determinados sofrimentos, e que um escravo consciente não se torna um homem livre, mas sim um homem que sofre duas vezes, pois sofre por ser escravo e sofre por saber que é escravo.

"Talvez minha mãe estivesse certa quando dizia, repetindo a sabedoria popular, que pensar no passado é sofrer duas vezes", pensou nosso vigário em voz alta. "Ou talvez estivesse errada, uma vez que, para continuar seguindo em frente, precisamos retornar e desamarrar alguns laços e desatar alguns nós", retrucou ele a si mesmo. Possivelmente, e aqui é uma opinião deste narrador, seja necessário sofrer uma segunda vez para resinificar a dor. Fato é que, com o tempo, o padre Epifânio deixou de se perguntar o que o doutor Sócrates, na condição de analista, poderia fazer por ele e passou a se questionar o que ele mesmo poderia fazer para salvar o que dele ainda restava em si.

Aos poucos, o nosso padre ia compreendendo que não seria fácil encarar seus demônios. E eles se tornavam mais amedrontadores no escuro. E havia pouco de luz nele. Era noite. Uma noite fria. E os depressivos desaprendem a sonhar e a esperar pela aurora. Seria Sócrates capaz de guiá-lo pela escuridão do seu ser? Ou deveria ele mesmo, entre tropeços e topadas, reencontrar seu caminho?

Assim que o padre Epifânio saiu, o doutor Sócrates se apressou para colocar tudo em ordem, pois ele tinha um compromisso logo em seguida. O pai de um amigo seu havia falecido e hoje era a missa de sétimo dia, e ele iria lá para fazer o social. Ao sair, se certificou de que estava tudo em ordem. O elevador estava demorando, então ele resolveu encarar as escadas; só eram três andares, e na descida, diz um velho ditado, "todo santo ajuda". Quando se aproximou da portaria, uma dúvida invadiu sua mente de assalto: "Droga, acho que deixei a torneira da pia do banheiro pingando". E esse pensamento lhe acompanhou até o outro lado da rua[90]. "A noite toda, o desperdício de água vai ser enorme", disse para si mesmo, sem contar com o aumento

[90] Neste livro sou um mero narrador, eu sei, mas é que, acompanhando já há tantos anos o trabalho do doutor Sócrates, acabei pegando o jeito. Digo isso porque me chamou a atenção o cruzamento das ideias intrusas que afligiram o padre e agora afligem o analista. De um lado "uma casa pegando fogo" e do outro "uma outra alagada". De um lado uma pessoa apresenta uma "demanda", do outro "uma outra pessoa apresenta a solução". Conseguem intuir o que eu estou tentando organizar nesse emaranhado de ideias? Duas pessoas. Duas?

considerado na conta no final do mês. "Melhor voltar e fechar a bendita torneira". E assim ele fez. Refazendo todo o caminho de volta, o atraso para a celebração seria inevitável.

Ao entrar no consultório, a passos largos, foi até o banheiro e, ao acender a luz, começou a rir de si mesmo. "Seu neurótico!", disse em voz alta. A torneira estava fechada e nenhuma gota d'água pingando, mas a tampa do vaso estava levantada. "Bem, a viagem não foi de tudo em vão", concluiu ele.

A missa já havia começado e o padre estava dando o sermão. Do que ele estava falando, Sócrates prestou bem pouca atenção. Mas olhava atentamente e com grande interesse algumas pinturas nas paredes e uma em particular: um anjo conversando com uma mulher. Ele concluiu que se tratava da cena da anunciação e nela uma frase que dizia: "*Fiat mihi secundum verbum tuum*"[91]. "Faça-se em mim tua vontade", pensou o doutor Sócrates. "E é por esse motivo que os consultórios dos psicanalistas estão cheios". Eis o grande drama dos sujeitos, a saber, o conflito entre aquilo que desejam e aquilo que os outros desejam deles. Deixar de fazer a própria vontade para fazer a vontade de um outro é a essência da religião e, ao mesmo tempo, a fonte da infelicidade humana. Mas aquela mulher na pintura não parecia infeliz...[92]

---

[91] Faça-se em mim segundo tua palavra.

[92] Ah! Eu percebi pela cara que ele fez o desejo de ter aquela mulher deitada em seu divã. Feliz por fazer a vontade de um outro! Quanta neurose! Quanta necessidade de agradar para ser amada! Não foi à toa que ela criou um filho igualmente neurótico: "Pai, seja feita a tua vontade". Fazer a vontade do pai, eis o que se espera dos filhos e eis a missão das mães! Da mãe de Jesus? Não sei, não. Será que Sócrates estava mesmo pensando na mãe do Cristo? Nunca vi nele um ato de rebeldia em relação a seu pai, e olha que ele teria motivos em se tratando de um pai autoritário. E não estou falando de Jesus. E em qual mãe estaria ele pensando?

SESSÃO: "UM ANTICRISTO"

Na primeira sessão, aquela que sucedeu a entrevista, o padre Epifânio, ao se referir à sua decisão de renunciar ao ministério sacerdotal, afirmou que não estava ali para tomar uma decisão, pois a decisão já havia sido tomada, mas para tentar entender o porquê de tal decisão. E essa fala me fez lembrar de uma cena do filme *Matrix Reloaded*[93], na qual o oráculo diz a Neo o seguinte: "Você não veio aqui para tomar uma decisão, você já decidiu, está aqui para tentar entender a sua decisão". E conhecendo bem ao padre Epifânio, como o conheço, sei que ele fez essa paráfrase de forma consciente.

Ainda assim, estar seguro de uma decisão tomada não é garantia de que se tenha tomado a decisão certa. Não é possível prever todas as consequências de uma escolha. Por outro lado, exigir de um ser que está em constante transformação, e não somente ele, mas o mundo e a realidade na qual ele vive, uma promessa para toda a vida é, no mínimo, condená-lo a uma não variação de suas vontades, o que, por si só, já contraria a natureza própria do querer ou, o que é mais provável, exigir dele uma constante e invariável renúncia.

Nada garante que o padre Epifânio esteja tomando a decisão acertada, uma vez que, quando ele decidiu se tornar um sacerdote, sua decisão parecia igualmente certa. Por isso mesmo o doutor Sócrates perguntou-lhe se ele não gostaria de mais tempo para pensar. Porém, ele, afirmando estar seguro

[93] MATRIX Reloaded. Direção: Lana Wachowski, Lilly Wachowski. Produção: Joel Silver. Estados Unidos: Columbia Pictures, 2003. 1 DVD. capítulo 13.

de sua escolha, e parafraseando o oráculo do filme mencionado, afirmou que a questão não estava na decisão que tomou, mas no porquê de ter tomado tal decisão. Bem, neste caso, até eu fiquei curioso em saber o que leva uma pessoa a mudar uma escolha que havia feito com tanta convicção e a quebrar uma promessa, um voto de caráter vitalício.

Eu estava lá, há 20 anos, e vi quando tudo aconteceu. Eu participei daquela solene cerimônia na qual o jovem Epifânio estava sendo ordenado sacerdote. Eu o olhei nos olhos e vi o brilho de felicidade. Não havia falsidade em sua fala, nem dúvidas em sua decisão. Ele estava tão seguro daquilo que estava fazendo. Lembro-me do orgulho de sua mãe e de suas irmãs.

Contudo, aqui está ele, pontualmente como um relógio suíço, batendo à porta do consultório de um analista, buscando respostas, talvez, não para suas dúvidas, mas sim para as certezas que ele traz consigo e que o fazem sofrer.

Da porta de entrada até a poltrona na qual se habituou a sentar-se, o padre Epifânio parece repetir, semana após semana, o mesmo ritual. Ainda é perceptível em seu rosto a expressão de expectativa por um rito inicial, talvez uma invocação da Trindade ou algo parecido. Ele se senta, olha para o analista como se esperasse uma anuência, coisa que lhe é negada na maioria das vezes, e só então começa a falar. A propósito, ele nunca superou a dificuldade de iniciar uma fala livre, sem uma cerimônia de abertura. Possivelmente, a repetição de seus atos ao chegar ao consultório, dirigir-se à poltrona e saudar o analista sempre da mesma forma já se constituiu para ele um cerimonial de abertura.

Ele começou relatando a conversa que teve no sábado pela manhã com o bispo, na qual, além de devolver a paróquia que estava à frente como pároco, comunicava também sua decisão de se afastar do ministério. Não foi uma conversa fácil, mas foi necessária. O bispo relutou em aceitar, pois parecia incapaz de compreender as motivações que estavam levando o padre Epifânio a uma decisão tão radical. Mas, no fim, ele cedeu e acolheu a renúncia do padre. Pediu-lhe, todavia, que fizesse uma saída discreta, como se isso fosse possível, e Epifânio lhe garantiu que faria uma saída honrosa. Combinaram então de celebrarem juntos uma missa de despedida, mostrando assim que o padre Epifânio estava se retirando por decisão própria e não por decisão da diocese. Um mês foi o tempo que o bispo lhe pediu para que ele preparasse sua saída, a fim de evitar maiores traumas para a comunidade.

— *Como você está se sentindo?* – perguntou o doutor Sócrates após escutar o relato do padre.

— *Um anticristo* — foi sua seca resposta.

— *Consegue me descrever esse sentimento?*

O padre Epifânio tentou descrever como estava se sentindo. E quando ele disse que estava se sentindo "um anticristo"[94], é preciso aqui entender a metáfora fora, ou ao menos à margem, do conceito religioso e aproximá-la ao máximo do conceito filosófico nietzschiano. A fim de dar-lhes uma rasa ideia a esse respeito, e digo rasa, dado que não sou um teólogo, acredito que seja necessário falar um pouco sobre o óbvio, pondo a seguinte pergunta: Quem é Cristo?

Jesus de Nazaré, ora pois, todos sabem disso, anjos[95], homens[96] e até os demônios[97]. Pergunta tola, admito. Mas antes que eu seja repreendido, queiram agir com complacência para com este principiante e leigo narrador e aceitar minhas escusas pela pergunta mal formulada, pois, no afã de dizer tudo o quanto gostaria, acabo atropelando a estética textual e, às vezes, sem saber como iniciar uma história ou causo que possa aguçar a curiosidade do leitor, cometo a gafe de formular perguntas retóricas das quais a resposta todos já sabem.

Todavia, ao invés de corrigir o estilo tosco, vou insistir no método, só que desta vez reformulando a pergunta: O que é ser Cristo? Agora sim, parece-me que, buscando uma compreensão deste conceito, ficará mais fácil também compreender o conceito de anticristo, tomando distância do conceito religioso e nos aproximando mais da metáfora nietzschiana. Digo aproximar, uma vez que não tomarei como base o próprio Nietzsche, mas sim a fala do padre Epifânio que, por sua vez, buscou inspiração no filósofo niilista e não na "besta" apocalíptica.

Então, o que é ser Cristo? Antes de mais nada, é preciso dizer que o termo Cristo significa ungido, enviado, alguém que recebeu uma missão. Neste

---

94 E não "O anticristo", personagem descrito no livro do Apocalipse de São João.

95 "O anjo, porém, disse-lhes [...] Nasceu-vos hoje um Salvador, que é o Cristo-Senhor ..." **Lc 2, 10-11**. *In:* BÍBLIA [...], 2006, p. 1790.

96 "Jacó gerou José, o esposo de Maria, da qual nasceu Jesus chamado Cristo". **Mt 1,16**. *Ibidem*, p. 1704.

97 "De grande número também saíam demônios gritando: "Tu és o Filho de Deus!" Em tom ameaçador, porém, ele os proibia de falar, pois sabiam que ele era o Cristo". **Lc 4,41**. *Ibidem*, p. 1795

caso, ser Cristo significa "cumprir uma missão". Significa também ter recebido essa missão de um "outro". Em se tratando do Cristo em questão, a saber, Jesus de Nazaré, sua missão lhe foi dada pelo seu próprio Pai[98], para a qual ele se mostrou obediente e fiel[99]. Ser Cristo é, portanto, ser obediente ao Pai.

O Filho, Verbo eterno de Deus, a fim de cumprir a vontade do Pai, tornando-se o Cristo, aceitou passar pelo processo de "encarnação"[100], evento vivenciado por Ele como algo humilhante[101], assumindo a forma humana e vivenciando essa humanidade em todas as suas dimensões, exceto a do pecado[102], recebendo um nome, Jesus[103], e cuja missão passaria pela via do sofrimento e da morte. Mas não se trata de qualquer sofrimento, mas um sofrimento injusto, ou seja, um sofrimento que não é consequência de sua humanidade, mas da nossa[104]. Também não se trata de qualquer morte, como a que devemos experimentar por insuficiência de nossa humanidade, mas uma morte experimentada na dimensão de um sacrifício.

Mas, sem ter a pretensão de levar adiante esta discussão, sob a pena de me desviar do meu propósito, acredito poder seguramente responder à pergunta posta, a saber, "O que é ser Cristo?", dizendo que ser Cristo é "ser obediente até a morte, e morte de cruz". E não percam de vista a ideia de que "morte de cruz" significa "sacrifício". Então, ser Cristo é negar a si mesmo, ou seja, negar a própria vontade para realizar a vontade do Pai; realidade que atravessou toda a vida de Jesus, desde sua infância[105], até culminar em sua paixão, vivenciando o terror do Getsêmani e o abandono na Cruz.

Ergo, sentir-se "um anticristo" é sentir-se desobediente, rebelde, egoísta e, como bem disse o próprio padre Epifânio, um ingrato. É ceder à própria vontade ao invés de realizar a vontade de um outro.

---

98 "[...] Como o Pai me enviou [...]". **Jo 20, 21.** *Ibidem*, p. 1893.

99 "[...] Meu Pai, se não é possível que esta taça passe sem que eu a beba, seja feita a tua vontade!" **Mt 26, 42.** *Ibidem*, p. 1752.

100 "E o Verbo se fez carne e habitou entre nós; e nós vimos a sua glória, glória que ele tem junto ao Pai como Filho único [...]" **Jo 1,14.** *Ibidem*, p. 1843.

101 "Ele, estando na sua forma de Deus [...] se despojou [...] Tornando-se semelhante aos homens [...] abaixou-se [...]" **Fp 2, 6-8.** *Ibidem*, p. 2049.

102 "Com efeito, não temos um sacerdote incapaz de se compadecer das nossas fraquezas, pois ele mesmo foi provado em tudo como nós, com exceção do pecado". **Hb 4, 15.** *Ibidem*, p. 2088.

103 "[...] e chamarás com o nome de Jesus". **Lc 1, 31.** *Ibidem*, p. 1787.

104 "Sobre o madeiro, levou os nossos pecados em seu próprio corpo [...]". **1Pd 2, 24.** *Ibidem*, p. 2116.

105 "[...] Não sabíeis que devo estar na casa de meu Pai?" **Lc 2, 49.** *Ibidem*, 2006, p. 1792.

— É um sentimento que não dá muito para se descrever. Por isso estou usando a metáfora do anticristo. Não fui capaz de realizar em mim a vontade de um outro. Estou me sentindo, um tanto ingrato.

— Pensei que você ficaria aliviado.

— Aliviado? E por que eu ficaria? Não estou me livrando de um peso. Ao contrário. Tive receio de que eu me tornasse um peso para a Igreja. Já basta ter me tornado um fardo para mim mesmo.

— E por que ingrato? Renunciar em determinadas circunstâncias também não seria um ato de amor?[106]

— Talvez. Porém é muito mais reconhecido o amor que leva a um sacrifício.

— Quem ama pode sacrificar-se, e aqui está a grande essência do amar. Mas o amado não pode exigir sacrifícios, sob pena de tornar-se um egoísta.

— Verdade. Mas aquele que diz amar e foge do sacrifício não se tornou ele o egoísta da história?

A fim de se evitar uma tola e inócua discussão em torno do amor, o doutor Sócrates silenciou e não mais emitiu sua opinião. Uma coisa importante na psicanálise é que a única verdade que importa no *setting* analítico é a verdade do analisando, e não se trata de verdade extraída dos conceitos e dos estudos acadêmicos, mas sim, a verdade do "sentir". Se o padre Epifânio diz que está se sentindo um ingrato, ainda que todas as evidências apontem para o contrário, isso não importa; o que importa é o que ele está sentindo. Essa é a matéria-prima do trabalho analítico. Não lidamos com ideias, mas com sentimentos.

Após um tempo de silêncio, o padre Epifânio retomou seu discurso.

— Eu não consigo mais ser o padre que a Igreja merece. Não consigo mais ser o padre segundo o coração de Cristo.

— O padre que a Igreja merece – repetiu o analista.

---

106 Não quero polemizar e, por isso mesmo, criei esta nota de rodapé ao invés de escrever um parágrafo, na verdade precisaria de um outro livro, mas a questão é que Sócrates, ao que tudo indica, está fazendo uma referência a si mesmo. Sei que o que está em pauta não é a vida pessoal dele, e as questões que o afligem ele tem tratado com seu analista, mas o motivo que o levou a pedir o divórcio foi justamente o fato de ter se tornado um fardo para sua esposa. Ele tem se dedicado muito ao seu trabalho e, aos poucos, acabou transcurando seu casamento. No dia em que sua esposa lhe disse que ele havia se tornado um estorvo em sua vida, um peso sobre seus ombros, ele se deu conta de que ela viveria melhor sem ele. Claro, como eu disse, eu precisaria escrever um livro só para falar desse assunto. Coisa que não farei. Mas quis apenas chamar a atenção para esse fato.

— Sim. O padre que a Igreja merece e de que precisa é aquele configurado a Cristo. Aliás, essa é a única forma de ser padre.

Neste ponto, o padre Epifânio tem total razão. Afinal de contas, assim reza o decreto conciliar *Presbyterorum Ordinis*:

> Por isso, o sacerdócio dos presbíteros, supondo, é certo, os sacramentos da iniciação cristã, é, todavia, conferido mediante um sacramento particular, em virtude do qual os presbíteros, pela unção do Espírito Santo, são assinalados com um caráter especial e, assim, configurados a Cristo sacerdote, de tal modo que possam agir na pessoa de Cristo cabeça[107].

Cristo, segundo o dogma católico, mesmo sendo uma única "Pessoa", possui, no entanto, "duas naturezas", uma divina e outra humana, que, por sua vez, possuem cada uma sua própria "vontade", que coexistem sem fusão nem confusão. No entanto, o equilíbrio emocional apresentado por Cristo, mais do que sugerir uma coexistência pacífica entre suas "vontades", sugere uma submissão da vontade correspondente à natureza humana àquela correspondente à divina.

Configurado a Cristo, o sacerdote vive essa realidade de forma análoga. Sendo ele uma única pessoa, e sendo ele possuidor de uma única vontade, aquela humana, pela sua configuração a Cristo por meio do sacramento da ordem, e não sem um ato contínuo de sua própria vontade, nele a vontade de Cristo se manifesta e se faz presente. Tanto mais ele submete a sua vontade à vontade de Cristo, mais configurado a Cristo ele se torna, até chegar àquele momento místico no qual ele, juntamente com São Paulo, poderá afirmar: "Já não sou eu que vivo, mas é Cristo que vive em mim"[108].

E assim como Cristo e o Pai são um, o sacerdote e Cristo devem estar unidos de tal forma, a se cumprir o pedido do Cristo: "Permanecei em mim, como eu em vós"[109].

— Sabe, quando o coração do padre está cheio de desejos que não são os desejos de Cristo, ele já não age mais em nome de Cristo, mas sim em seu próprio nome. E não digo que seus desejos não sejam nobres e que não estejam voltados

---

107 DECRETO Presbyterorum Ordinis. Sobre o ministério e a vida dos presbíteros. *In*: DOCUMENTOS do Concílio Ecumênico Vaticano II (1962-1965). São Paulo: Paulus, 1997. p. 494.

108 **Gl 2, 20.** BÍBLIA [...], 2006, p. 2033.

109 **Jo 15, 4.** *Ibidem*, p. 1882.

para o bem da comunidade. Porém, se os desejos do padre não coincidem com os de Cristo, sua pastoral está fadada à falência.

— *E quando você começou a perceber que suas vontades não correspondiam às vontades de Cristo?* – perguntou o analista.

— *Quando comecei a perceber que eu passava mais tempo no escritório do que em meio aos paroquianos, que tratava os grupos como células da paróquia e não como ocasião de encontro com Deus, que passei a ser indiferente com o sofrimento alheio; enfim, quando comecei a perceber meu afastamento de um serviço ao "sujeito templo do Espírito Santo", templo ético, para servir a um templo estético, percebi também que havia me afastado da essência daquilo para o qual fui ordenado.*

É compreensível o que o padre Epifânio está tentando dizer. De fato, existem paróquias esteticamente organizadas, mas que são, em sua essência, verdadeiros desertos, de forma que as pessoas são obrigadas a procurarem "o que comer"[110] em outros lugares, e assim, não é difícil ver as comunidades se esvaziando, as festas paroquiais e os sacramentos se tornando meros preceitos sociais; bem como é compreensível ver uma debandada em massa dos "católicos" ao protestantismo[111] ou simplesmente ao ateísmo. Mas onde encontrar o pão vivo se não no altar eucarístico? O milagre do pão que se transforma em carne não depende se o altar é de mármore ou de madeira; se o padre está de estola ou casula dourada; depende apenas do ato litúrgico no qual as palavras do sacerdote sejam o ecoar da palavra do Cristo na última ceia.

O padre de que a Igreja precisa – e porque não dizer, merece – é o padre segundo o Coração de Cristo. Mas o que muitos encontram nas Igrejas são homens prisioneiros de seus próprios desejos, esvaziados de espiritualidade, orgulhosos, gananciosos, materialistas, espantalhos da fé e que, em muitos momentos, agem mais como lobos do que pastores.

O padre Epifânio intercalava momentos de fala com momentos de silêncio, como se estivesse elaborando seu pensamento ou apenas tentando digerir o que dizer. Sentado na poltrona, inclinou-se um pouco à frente, olhando para o chão ou para o nada, prosseguiu:

---

[110] *Cf.* **Mt 15, 15-16.** *Ibidem*, p. 1730.

[111] É interessante que quando um "católico" se "converte" ao protestantismo, ele afirma ter encontrado a Cristo. Mas estaria Cristo fora de sua Igreja e longe de seu altar? Não estaria Cristo representado em seu ministro?

— *Poderia recomeçar? Sim, deveria. Mas já me sinto tão cansado e sem ânimo. E já estou buscando compensações fora dos limites ministeriais, como na vida acadêmica, para citar um exemplo, e, portanto, acredito estar tomando o caminho necessário. Antes de resgatar meu sacerdócio, eu preciso resgatar minha humanidade. Não é possível um reencontro com Cristo sem antes haver um reencontro comigo mesmo. Egoísmo, para alguns, pode parecer. Honestidade está sendo minha intenção. Tenho medo e vergonha de ter que renunciar ao meu ministério. Mas devo aceitar meus limites e reconhecer que não posso prosseguir.*

Neste momento, o padre Epifânio olhou seu analista e continuou.

— *Eu não quero me tornar o que muitos, infelizmente, têm se tornado. Padres de sacristias e não de altares; de festas e de quermesses; coroinhas de políticos; fantasiados para disfarçarem o que realmente são: "sepulcros caiados".*

— *E deixando o ministério em que você se tornará?* – perguntou o analista.

— *Estou ciente de que não será nada fácil. O que me tornarei? Um degredado filho de Eva.*

Epifânio e suas metáforas. Por certo, caberá a mim tentar explicar seu significado, uma vez que a sessão já havia ultrapassado seu tempo e, como o padre Epifânio não quis aprofundar a questão, o doutor Sócrates aproveitou para anunciar o fim da sessão.

Degredado filho de Eva é uma referência à oração da Salve Rainha, mas, no contexto da fala do padre Epifânio, é uma metáfora que se contrapõe ao conceito de "filhos prediletos de Nossa Senhora", título atribuído aos sacerdotes.

Para melhor entender esta metáfora, primeiro é preciso entender o que significa ser um filho predileto de Nossa Senhora. Predileto é o filho que "dá alegria, prazer à sua mãe". E qual filho seria? O obediente!

O filho predileto de Nossa Senhora é Cristo, o "obediente". A princípio, não só obediente ao seu "Pai", mas também aos seus pais[112]. E mesmo a "espada" (referência à dor e sofrimento) que atravessaria a alma de sua mãe[113], longe de se tratar de um efeito de sua desobediência ou rebeldia, foi exatamente consequência de sua incondicional fidelidade e obediência ao projeto de seu Pai, do qual sua mãe participou com igual fidelidade e obediência.

---

[112] *Cf.* **Lc 2, 51**. *Ibidem*, p. 1792.

[113] Referência à profecia de Simeão, citada no evangelho de São Lucas. "[...] e a ti, uma espada transpassará tua alma [...]", **Lc 2, 35**. *Ibidem*, p. 1791.

Aliás, foi com sua mãe que Cristo aprendeu a ser fiel e obediente, uma vez que, sua natureza humana, mesmo perfeita por ausência do pecado, precisou ser educada a fim de se submeter à vontade divina. E não nos esqueçamos de que Maria também foi concebida sem a mancha do pecado original por mérito de Cristo. Uma natureza corrigida, concebida imaculada, para igualmente conceber seu imaculado fruto.

Maria foi obediente e fiel desde o início, se apresentando como sendo a "serva do Senhor", e assim permaneceu mesmo quando não compreendia como as coisas aconteceriam[114]. Acreditava e guardava tudo em seu coração. Ela foi o modelo de fidelidade e obediência ao Pai.

Também ela foi a educadora dos discípulos de Cristo. Foi dela que eles aprenderam a lição da obediência nas bodas de Caná, e graças à sua intervenção "eles creram nele"[115]. Foi a ela, sua mãe, que Jesus confiou o discípulo amado[116], que a recebeu em sua casa. O discípulo amado é o que "habita" com a mãe de Cristo, que agora passa a ser a mãe do "discípulo predileto" (quer dizer, discípulo fiel). Mãe e educadora na fé. Foi em torno a ela que os discípulos permaneceram após a ascensão de Cristo, reunidos em oração, aguardando a vinda do Espírito Santo[117].

Quanta coisa poderia ainda ser dita a esse respeito! Mas, pobre de mim, leigo que sou, vejo-me limitado ao tentar articular tais ideias e, temo, não ser tão convincente quanto seria o padre Epifânio, se ele mesmo tivesse se dignado em discorrer sobre este tema. Eu mesmo já presenciei belíssimas homilias realizadas por ele nas festas marianas. Ele que sempre se declarou devoto de Nossa Senhora, acredito, graças à influência de sua mãe, mulher de fé admirável e devoção sincera.

Mas enfim, sendo Cristo o filho predileto de Maria, e sendo os sacerdotes configurados a Cristo sumo e eterno Sacerdote, são eles igualmente filhos prediletos dessa Mãe, humilde e obediente serva do Senhor, de quem eles aprendem a obediência e a fidelidade. É em torno dela que o "clero se

[114] "[...] Como é que vai ser isso, se eu não conheço homem algum? ... Eu sou a serva do Senhor; faça-se em mim segundo tua palavra [...], **Lc 1, 26-38**. *Ibidem*, p. 1787.

[115] "[...] fazei tudo o que ele vos disser [...] Esse princípio dos sinais, Jesus o fez em Caná da Galileia e manifestou a sua glória e os seus discípulos creram nele [...]", **Jo 2, 1-12**. *Ibidem*, p. 1846.

[116] "[...] Mulher, eis teu filho! Depois disse ao discípulo: Eis tua mãe [...]", **Jo 19, 26-27**. *Ibidem*, p. 1891.

[117] "[...] Todos estes, unânimes, perseveraram na oração com algumas mulheres, entre as quais Maria, a Mãe de Jesus [...]", **At 1, 12-14**. *Ibidem*, p. 1901.

reúne". Renunciar ao sacerdócio e, portanto, perder a "dignidade clerical" é, metaforicamente falando, ficar órfão; é deixar de ser um filho predileto, uma vez que a renúncia é interpretada como um gesto de desobediência e rebeldia. O discípulo amado de Cristo, aquele fiel, habita com sua Mãe. Deixar o sacerdócio é como que deixar a "casa da Mãe", é ser exilado, desterrado e, portanto, se tornar um degredado filho de Eva (um pecador).

O padre Epifânio sabia o que lhe esperava e o quanto iria lhe custar o preço de sua infidelidade: o desterro. E como ele sabia? Bem, ele não seria o primeiro a renunciar ao sacerdócio. E ele bem viu o que aconteceu com os infiéis que lhe precederam. Mas vou deixar que ele mesmo, em outra oportunidade, se assim ele quiser fazer, conte como ele viu serem tratados os que, por motivos diversos, decidiram trilhar caminhos fora dos muros eclesiásticos.

SESSÃO: "ATORMENTADO POR SONHOS"

Duas sessões já se passaram desde que o padre Epifânio falou sobre sua conversa com o bispo e sobre como ele está se sentindo ingrato para com a Igreja e para com as pessoas que sempre lhe acompanharam de perto durante os seus anos de sacerdócio. Ele chegou a usar uma metáfora para resumir seu sentimento, a do "anticristo", e outra metáfora para expressar seus temores, a saber, de se tornar um "degredado filho de Eva".

A data prevista para a celebração de sua última missa estava se aproximando. No próximo fim de semana, conforme foi combinado com o bispo, ele se reunirá com as lideranças da paróquia para anunciar sua saída da comunidade e, também, do ministério. Ele está tenso, triste, mas convencido de estar fazendo a coisa certa. Para esta sessão, nosso vigário trouxe consigo como demanda analítica a possibilidade de interpretar um sonho que lhe causou bastante estranheza. Pontual como sempre tem agido, e o doutor Sócrates já havia notado, como que seguindo um padrão. Ele entra no consultório, faz seu costumeiro reconhecimento do terreno e logo se dirige à poltrona, sentando-se quase sempre na mesma posição.

Freud considera seu livro *A Interpretação dos Sonhos*, publicado em 1900, como sendo a pedra angular de sua psicanálise. Já nas primeiras páginas, inclusive citando Aristóteles, ele se esforça por desmistificar a natureza dos sonhos, dando-lhes um caráter meramente humano. "Nos dois escritos de Aristóteles que tratam do sonho, este se torna objeto da psicologia. Aprendemos que não é enviado por deuses [...] o sonho não decorre de uma revelação divina, mas resulta das leis do espírito humano [...]"[118]. Na verdade, Freud inicia este livro afirmando: "Demonstrarei nas páginas seguintes que há uma técnica psicológica que permite interpretar os sonhos e que, aplicando-se esse procedimento, cada sonho se revela como uma formação psíquica dotada de sentido [...]"[119].

No texto *Sonhos*, escrito por Ana Costa, a autora afirma que "Freud inaugura um campo que permanece único: a abordagem dos sonhos como uma formação do inconsciente"[120]. Uma formação que possui o desejo inconsciente como autor, realizador daquilo que Freud chamou de "processo primário". Ainda segundo a autora citada, Freud reverteu a temporalidade do sonho, de forma que "Ao invés de predizer o futuro, o sonho mostrava uma realização do desejo infantil recalcado"[121]. Todavia, desde os tempos mais remotos, inclusive na tradição judaica e cristã, os sonhos fazem parte do modus operandi de Deus para realizar sua revelação e fazer conhecer sua vontade entre os homens. Exemplos clássicos poderíamos citar os sonhos de José do Egito[122], bem como o sonho de São José, pai de Jesus[123]. E ainda hoje o imaginário popular é povoado por um aspecto místico quando se referem aos sonhos. O próprio padre Epifânio fica impressionado e, diversas vezes, inquieto com seus sonhos. Alguns sonhos se repetem com tanta frequência que lhe causam muita inquietação. Sem dúvidas, eles são mensageiros e trazem consigo mensagens. Todavia, não são mensagens dos deuses ou de Deus, mas sim do nosso inconsciente.

— *Então, do que gostaria de falar hoje?* – perguntou o analista, fitando-o nos olhos.

— *Gostaria de começar falando a respeito de um sonho que tive e que me trouxe uma certa angústia* – respondeu o padre Epifânio, mas, sem conseguir

---

118 FREUD, S. A Interpretação dos Sonhos (1900). *In*: FREUD, S. **Obras completas (1900)**. Tradução de Paulo César de Souza. São Paulo: Companhia das Letras, 2019a. v. 4. p. 25.

119 *Ibidem*, p. 24.

120 COSTA, A. **Sonhos**. Rio de Janeiro: Jorge Zahar, 2006. p. 8.

121 *Idem*.

122 *Cf.* **Gn. 37, 5ss**. BÍBLIA [...], 2006, p. 83.

123 *Cf.* **Mt.1, 18-25**. *Ibidem*, p. 1704.

sustentar seu olhar sobre seu analista, desviou seus olhos levemente para seu lado direito, como que procurando algo no chão, sinal de quem estava travando um diálogo consigo mesmo antes de construir sua fala. Isso fez o doutor Sócrates notar o quanto ele estava se empenhando para representar seu papel de quem tinha o controle da situação.

— *Muito bem então, conte-me seu sonho.*

— *Bem, na verdade foram mais de um sonho, mas que pareciam ter o mesmo enredo. Sonhei que eu via uma Igreja velha e em chamas e pessoas, algumas conhecidas, me chamavam para que eu ajudasse a apagar o fogo e resgatasse algumas pessoas que estavam presas dentro da Igreja. E elas me diziam: "Eles irão morrer queimados", ao que eu respondia: "Não posso entrar na Igreja, estou nu". E nesse momento me dava conta de que eu estava nu e saía correndo querendo me esconder, pois sentia muita vergonha. E não encontrando um lugar para me esconder, eu saía voando. Outras coisas aconteciam, mas não consigo me lembrar com clareza.*

É bom recordar que um sonho é o que sonhamos (material latente) e outro é o que narramos (material manifesto, ou substituto). Ao narrar um sonho, já atribuímos a ele determinados significados a partir dos termos e imagens que utilizamos no esforço de recordá-lo, e isso é um fator complicador na hora da interpretação. Garcia-Roza, a esse respeito, afirma:

> Ocorre, porém, que o sentido do sonho não é imediatamente acessível nem ao sonhador, nem ao intérprete. A razão disso reside no fato de o sonho ser sempre uma forma disfarçada de realização de desejos e que nessa medida incide sobre ele uma censura cujo efeito é a deformação onírica. O sonho que recordamos após o despertar e que relatamos ao intérprete foi submetido a uma deformação cujo objetivo é proteger o sujeito do caráter ameaçador dos seus desejos. O sonho recordado é, pois, um substituto deformado de outra coisa, de um conteúdo inconsciente, ao qual se pretende chegar através da interpretação[124].

Após narrar seu sonho, o padre Epifânio ficou em silêncio e manteve-se cabisbaixo e pensativo.

— *Então, o que você tem a dizer sobre esse sonho?* – provocou o analista.

[124] GARCIA-ROZA, 2020, p. 63-64.

— Pensei muito sobre ele. Apesar da clareza das imagens, ao menos das que me recordo, não consigo compreender seu significado. Parecia um sonho muito real.

— O que você sentia enquanto sonhava?

— Sentia um misto de emoções que se alternavam e se fundiam entre medo, angústia, vergonha, entre outras.

— E quando você despertou, o que continuou sentindo?

— Um aperto no peito. Acho que posso dizer que o sentimento que perdurava por mais tempo após eu despertar era a angústia.

— Culpa?

— Não tenho certeza sobre o sentimento de culpa.

— Aconteceu alguma coisa no dia que antecedeu a esse sonho que você possa considerar relevante ao fazer alguma associação?

— Não sei exatamente. Mas, à tarde, eu havia participado de uma reunião com o grupo da Renovação Carismática e tivemos um certo desentendimento quanto à atuação deles na paróquia. No meio da discussão, um deles me disse que eu era apenas o padre da paróquia, mas não o dono da Igreja. Achei aquilo um tanto ofensivo e desnecessário. Então pensei comigo: "Criaturas ingratas, esforço-me tanto pelo bem e salvação de suas almas e só recebo patadas. Quer saber, que se exploda". Tive esses pensamentos, mas logo em seguida me dei conta de que não sou o salvador da pátria, estou ali apenas de passagem e, para bem dizer a verdade, uma breve passagem.

— Você acredita que o serviço prestado como sacerdote na Igreja seja em prol da salvação dos fiéis? Se eles não forem salvos, para onde irão?

— Para o inferno.

— Lugar de chamas?

— Sim.

— Por um momento você desejou não ser o padre deles. Acaso desejou não os salvar?

— Não vejo por esse viés.

— No seu sonho, a Igreja estava em chamas e tinha pessoas lá dentro. Também lhe chamavam para resgatar essas pessoas. Mas você sai correndo, dando-se conta de que estava nu. O que você tem a dizer sobre isso?

— *Talvez me sinta incapaz de salvá-los.*

— *Você desejou, em pensamento, que eles explodissem.*

— *Verdade. Mas foi só um momento de raiva. Não desejo de fato atear fogo neles.*

Dizendo isso, o padre esboçou um sorriso.

— *Você saiu correndo porque estava nu ou porque não queria salvá-los?*

— *Acho que porque estava nu.*

— *Fugiu porque se sentiu envergonhado de estar nu. Por que você estava nu? O que sua nudez pode nos dizer?*

— *Talvez revele meu sentimento de incapacidade.*

— *Você desejou que eles se explodissem. Depois, sonhou com a Igreja em chamas. Sua missão é resgatá-los, mas você foge. E isso lhe causou angústia. Por quê?*

— *Seria por estar me sentindo culpado por ter tido aquele pensamento? Minha nudez, então, revelaria minha indignidade de desejar fazer justamente o contrário do que deveria? Ou talvez tenha a ver com o fato de eu estar deixando o sacerdócio?*

Nesse momento, o padre Epifânio olhou para o analista com uma expressão de espanto. O doutor *Sócrates nada respondeu e manteve*-se em silêncio.

O padre Epifânio inclinou-se para frente, apoiando-se com os cotovelos sobre suas pernas e com as mãos juntas e dedos entrelaçados, apoiando sobre elas o seu queixo. Depois de um breve tempo nessa postura corporal, ele voltou a uma posição mais ereta, com as costas apoiadas no encosto da poltrona. E, olhando para o analista, ele disse:

— *Quer saber de uma coisa engraçada? É que, enquanto eles estavam orando, pediam a vinda do Espírito Santo para que enchesse aquele lugar com suas chamas. E eu me pus a imaginar justamente esta cena: aquele lugar em chamas.*

— *Tal sentimento é indigno para um padre* – disse o analista, não fazendo um juízo de valor, mas tentando fazer ecoar as palavras do sacerdote.

— *Sim. Por isso me senti muito mal. O senhor se recorda da sessão em que narrei o fato de não conseguir suportar a ideia, ainda que fantasiosa, de ter saído de casa e ter deixado o fogão ligado, correndo o risco de causar um incêndio na casa paroquial? E o senhor me perguntou se eu não nutria, metaforicamente, esse desejo? Se a casa se consumisse nas chamas, não teria que voltar para lá. Acho que estou buscando formas de me convencer de que tomei a decisão justa ao me retirar do ministério.*

— *Buscando se convencer?* – questionou o analista. — *Ainda não está convencido?*

— *Acho que foi apenas força da expressão. Não estou com dúvidas. Não de forma consciente.*

— *Não de forma consciente* – repetiu doutor Sócrates.

— *Por que todos acreditam que estou sendo precipitado?*

— *Todos quem?*

— *O doutor Oliveira, o psicólogo que me acompanhava, o bispo, alguns colegas do sacerdócio, enfim, todos parecem saber mais de mim do que eu mesmo.*

— *Mas é claro que você está totalmente seguro de sua decisão* – afirmou de forma enfática doutor Sócrates.

— *Sim. Disso não tenho mais dúvidas.*

— *E, ainda assim, você veio hoje com uma camisa clerical.*[125]

Quanto a isso, o padre Epifânio nada disse, mas, pela primeira vez, nosso vigário demonstrou claros sinais de irritabilidade. É interessante que a negação é a primeira reação, ou melhor, o mecanismo de defesa mais comum diante de uma situação na qual o sujeito se vê implicado. Após um momento de silêncio, o analista voltou a provocar o padre.

— *Você teve pensamentos intrusivos nos quais temia ter deixado o fogão aceso, colocando a casa paroquial em risco de ser incendiada. E voltou para se certificar de que o fogão estava desligado. E agora você sonha com a Igreja pegando fogo e sai correndo.*

— *Sim. Saí correndo!*

— *Nu. Por quê?*

— *Não tenho certeza. Será que a nudez é a materialização de um sentimento de vergonha, por me sentir indigno?*

[125] Esse detalhe, e na análise não existem detalhes que sejam apenas detalhes, Sócrates já havia notado desde o início da sessão, mas estava aguardando para saber se tinha alguma relação com o discurso do padre Epifânio, ou não. Ao que tudo indica, foi sim um ato falho, uma tentativa, talvez, de autoafirmação...

— *Foi o primeiro sonho que você teve em que se via nu?* – perguntou o analista, ignorando a pergunta do analisando.

— *Não. Na verdade, tenho outros sonhos em que apareço sem roupas. Por exemplo, e não faz muito tempo, sonhei que estava me preparando para uma virgem*[126] *e, de repente, estava na rodoviária e me via sem roupas. E outros sonhos semelhantes.*

Dentro de um contexto religioso, a ausência das vestes talares poderia apenas aludir à perda da dignidade clerical ou a um sentimento de vergonha por se sentir falido no ministério. Todavia, não ignorando que nossos desejos reprimidos possuem, em sua grande maioria, natureza libidinosa, de forma que a nudez pode revelar insegurança sexual, bem como insatisfação sexual, ou ainda, desejos de natureza controversa moralmente falando. "Preparando-me para uma virgem", foi o que ele disse.

O sonho é a realização de um desejo. Sonhando, o desejo foi realizado sem danos ao sonhador, uma vez que, de ordem proibida, o desejo se manifestou camuflado no material manifesto. E quando o inconsciente quebra o compromisso com o consciente e busca passar o material recalcado a todo custo, um sonho de angústia (pesadelo) é produzido imediatamente para nos fazer despertar. Isso explica os sonhos que nos causam horror e medo.

A análise, costumo dizer, não é algo linear, mas sim dialética. Isso significa que nada é desvendado completamente nem definitivamente na análise. Aquilo que hoje pode parecer estar bem claro e resolvido pode retornar em uma outra rede de significantes e, assim, produzir novos significados. Portanto, não esperem clareza nem compreensão dos fatos que aqui serão narrados. Nas sessões seguintes, muitas coisas retornarão para lançar luzes ou, como é mais provável, dúvidas sobre o que já foi dito.

A interpretação dos sonhos constitui uma forma privilegiada de compreensão de nossos desejos reprimidos. "Se sonho é porque desejo". Nesse caso, o desejo a ser desvendado é o nosso próprio e não o de Deus em relação a nós. Freud, em sua obra *Conferências introdutórias à psicanálise*, ao se referir aos sonhos, assim afirma:

---

126 O padre Epifânio queria ter dito "para uma viagem", mas ao invés disso disse "virgem". Ato falho? Talvez. O analista não fez consideração a esse respeito, porém, não podemos deixar de notar a semelhança simbólica entre "rodoviária" e "mudança de lugar". Existe um tema do qual o padre Epifânio tem se esquivado, mas que deverá afrontá-lo inevitavelmente: o da sexualidade.

> Os sonhos dos neuróticos, assim como seus atos falhos e suas associações livres, ajudam-nos a perceber o sentido dos sintomas e descobrir a colocação da libido. Sob a forma de realização de desejo, eles nos mostram quais desejos sucumbiram à repressão e a quais se prendeu a libido subtraída ao Eu[127].

O nosso cérebro não consegue distinguir a realidade da fantasia. Por isso mesmo, quando estamos sonhando, acreditamos que, de fato, aquilo está acontecendo. Isso explica os sentimentos e as emoções que sentimos durante o sonho. Por outro lado, os sonhos são respostas a estímulos, ou melhor, a uma rede de estímulos, que podem ter sua origem física ou psíquica. Todavia, mesmo se originando no corpo, as demandas que produzirão o sonho farão uso também de demandas psíquicas e vice-versa.

Se acaso estamos com sede, é possível que um sonho no qual estamos bebendo água seja produzido, uma vez que é papel do sonho evitar que nosso sono seja perturbado. Mas, ao sonhar bebendo água, as condições nas quais estaremos saciando nossa sede podem esconder demandas psíquicas de ordem emocional, cujos fundamentos sejam materiais que tenham sido reprimidos e se tornado recalcados[128]. Assim, desejos latentes no corpo ou condições ambientais nas quais o sujeito esteja dormindo, tais como sede, fome, bexiga cheia, frio, calor, barulho, luminosidade, tesão etc., se tornam ocasiões de manifestações de desejos latentes do inconsciente. Também, não podemos ignorar que, para Freud, os sonhos são "realizações de desejos inconscientes"[129] e que, por isso mesmo, eles são "a via régia para o inconsciente"[130].

Ainda citando Freud, "A experiência nos indica, como instigadores do sonho, vestígios diurnos, investimentos de pensamento que não obedeceram

[127] FREUD, S. Conferências introdutórias à psicanálise {1916-1917}. *In*: FREUD, S. **Obras completas (1916-1917)**. Tradução de Sergio Tellaroli. São Paulo: Companhia das Letras, 2014. v. 13. p. 601-602.

[128] Por que sonhar estando nu? Qual desejo está escondido por trás da nudez? Seria a necessidade de ser notado? De não ser ignorado? Afinal de contas, quem passa despercebido estando nu? Seria um sonho revelador de carência? Seria um sonho denunciando um sentimento de abandono e rejeição? Expor nosso corpo, com certeza, desperta o desejo do outro. Por que temos tanto desejo de sermos desejados? Ser desejado pelo outro nos coloca em um espaço de segurança?

[129] FREUD, S. Cinco lições de psicanálise. *In*: FREUD, S. **Obras completas (1909-1910)**. Tradução de Paulo César de Souza. São Paulo: Companhia das Letras, 2019d. v. 9. p. 257.

[130] *Ibidem*, p. 254.

à retratação geral de investimentos e conservaram, a despeito dela, uma certa medida de interesse libidinoso ou de outro tipo"[131].

Uma outra coisa que temos que ter em mente é que os sonhos são mecanismos de defesa contra algo que ameaça nosso sono por conta de sua natureza proibida. Freud, em sua obra *Complemento metapsicológico à teoria dos sonhos* (1917), afirma que:

> Um sonho nos mostra que sucedeu algo que tendia a perturbar o sono, e nos permite vislumbrar o modo como essa perturbação pôde ser rechaçada. Portanto, um sonho é também uma projeção, uma exteriorização de um processo interior[132].

— *E quanto a "sair voando", o que você tem a me dizer?* – questionou o analista.

— Não sei. Talvez *seja uma forma de fuga? Mas do que eu estaria fugindo?*

— *Ou de quem?*

— *De mim mesmo?*

— *E se voar não for fuga, mas apenas desejo de liberdade?*

O padre Epifânio não respondeu a essa provocação e manteve-se em silêncio. Fuga ou desejo de liberdade, fato é que voar não é natural ao ser humano. Voar é ter superpoderes, portanto, um desejo infantil que, no adulto, pode significar ressentimento e sentimento de baixa autoestima. Não é assim que o distímico se sente?

Voar não é fugir, como frequentemente se interpreta no senso comum. Voar é mostrar-se superior, é sentimento de vingança. A necessidade de mostrar-se superior tem sua origem em seu sentimento oposto, a saber, sentir-se ofendido, inferiorizado e ferido pela indiferença. Também, a nudez pode simbolizar sentimento de vergonha de si mesmo.

Se o sonho narrado pelo padre Epifânio estiver revelando sentimento de rejeição, abandono, baixa autoestima, significa dizer que há uma demanda nele que compromete o desejo do outro. Uma ferida infantil, certamente, que ainda não foi curada e acaba por influenciar na construção de um modus

---

[131] *Idem.*

[132] FREUD, S. Complemento metapsicológico à teoria dos sonhos. *In*: FREUD, S. **Obras completas (1915-1916)**. Tradução de Paulo César de Souza. São Paulo: Companhia das Letras, 2019f. v. 12. p. 159.

operandi, um padrão de comportamento e relacionamento que o leva a realizar rupturas como forma de autopunição.

Depois, é preciso ter em mente que, em um processo analítico, existem relações paradoxais em nossos sentimentos. Demandar afeto não é o mesmo que estar aberto a recebê-los. É muito comum que pessoas carentes de afeto e, portanto, feridas por uma ausência de um afeto primordial, demonstrem resistência a posturas afetivas. É como se construíssem uma barreira de defesa.

Ainda tendo em mente a relação paradoxal dos afetos, sentir-se rejeitado ou abandonado não é o mesmo de ter sido rejeitado ou abandonado. Fantasias infantis de rejeição e abandono podem se transformar em uma verdade subjetiva, ao ponto de forjar sujeitos frios a afetos ou extremamente ciumentos. O medo que um adulto possui de ser traído, rejeitado, trocado, abandonado, tornando-os pessoas ciumentas e, às vezes, agressivas com aqueles com quem mantêm relações afetivas, possui raízes profundas em fantasias infantis.

Tentamos controlar o que sentimos e, a muito custo, conseguimos ter êxito em certa medida, ao menos por um certo tempo. Sim, existem vontades que podemos controlar, e isso é a chave da evolução civilizatória. Mas existem vontades cujas raízes são desejos que fogem de nossa consciência e de nosso controle e, assim, sem poder mudá-los, pela sua natureza inquebrantável, buscamos mudar as circunstâncias a fim de atenuar os estragos que a realização daquele desejo poderá causar. Sonhar, fantasiar, negar, entre outras medidas de lidarmos com nossos desejos, são válidas até certo ponto, mas quando o desejo começa a extrapolar os limites de nosso controle, a bem de nossa sanidade mental e moral, é preciso tomar decisões, ainda que essas tragam sofrimentos.

O doutor Sócrates aproveitou o silêncio reflexivo do padre Epifânio e anunciou o fim da sessão.

"Sonhos", pensou doutor Sócrates enquanto suspirava profundamente e recordava do que havia sonhado. E, já que ele mesmo não irá contar sobre o que sonhou, eu tomo a liberdade de revelar: ele sonhou que estava em uma bodega para comprar um vinho tinto, mas o vendedor lhe dizia que daquela marca só existia o branco e ele retrucava dizendo que existe, sim, o tinto, pois havia servido na festa de seu casamento.

Enquanto pensava em seu sonho e passava seu café, nosso analista sorriu discretamente.

SESSÃO: "PRIVILÉGIOS E SACRIFÍCIOS"

Não é uma coisa fácil deixar o sacerdócio. E não digo isso apenas levando-se em conta o aspecto espiritual, mas digo também pelos aspectos materiais e vantagens oferecidas pela vida clerical. É um estilo de vida atrativo e facilmente se adapta às exigências da sociedade capitalista moderna.

O padre Epifânio, ao que parece, não tomou sua decisão da noite para o dia, mas foram muitas noites em claro e muitos dias escuros consumindo sua alma, em um processo de discernimento. Durante os anos de sacerdócio, ele não acumulou bens e, sem querer ser indiscreto, pelo seu último extrato bancário, nada levará consigo além do salário do mês. Todavia, ele contará com o apoio de sua família, de uma de suas irmãs, em particular, que lhe dará apoio logístico e financeiro até que ele se reestruture.

Recomeçar a vida após os 40 anos é um desafio. Epifânio tem formação em Teologia, Filosofia e, no momento, está concluindo outra graduação em Sociologia. E mesmo não tendo experiência com a docência, é nessa área que ele está apostando; inclusive, já existem duas propostas de trabalho em vista.

Contudo, os desafios e as dificuldades que o aguardam fora dos muros da Igreja e que ele está consciente de encontrar não foram motivações suficientes para mantê-lo no sacerdócio. O medo, a covardia e o comodismo não são motivações válidas ao exercício sacerdotal. "Se eu ficar, tem que ser por amor", dizia ele a si mesmo na solidão de seus pensamentos ou na oração silenciosa quando olhava o Cristo eucarístico que, pelas suas mãos, se erguia sobre os olhares devotos dos fiéis. "Mas, se eu sair, que também seja por amor", completava, argumentando para si mesmo. Afinal, a dor de ferir quem amamos é uma dor gerada por uma culpa da qual não conseguimos nos perdoar.

Em uma sessão anterior, o padre Epifânio falava sobre o conflito de desejos que pode se constituir entre o padre e Cristo. Pode acontecer, e às vezes não de forma consciente, que a configuração com Cristo seja uma ideação muito mais de fantasias e desejos que são produzidos pelas expectativas dos padres do que de fato uma configuração real ao desejo de Cristo. Dar-se conta disso é sinal de maturidade na fé, e a renúncia pode ser mais reveladora de um sacrifício do que a permanência a qualquer preço, inclusive ao preço da hipocrisia.

Entre a sessão passada e esta, muitas coisas aconteceram. Epifânio havia reunido suas irmãs para anunciar sua decisão de se afastar do ministério.

— Você está sendo egoísta, não está pensando em sua família – disse uma delas.

— Com que cara iremos encarar as pessoas da paróquia? Se nossa mãe estivesse viva, você não faria isso – Foi o que o padre Epifânio ouviu de uma outra.

Sua irmã mais velha ficou a maior parte do tempo em silêncio e, possivelmente, foi a que de fato ficou mais triste. Ela apenas quis saber o motivo que o teria levado a tal decisão e, depois, colocou-se à disposição para ajudá-lo no que precisasse.

"Se nossa mãe estivesse viva, você não faria isso". Essa frase ficou martelando a cabeça de Epifânio durante dias. Sua mãe era, por assim dizer, um elo de unidade entre eles, e Epifânio, principalmente após a morte de seu pai, se aproximou muito de sua mãe. "Ele é meus pés e minhas mãos", dizia ela de vez em quando. Ela vivenciou a ida de Epifânio para o seminário como uma oblação a Deus. "Uma dor invadiu minha alma quando ele foi morar no seminário, pois separar-me dele foi como perder meu marido uma segunda vez, mas, ao mesmo tempo, é indizível a alegria de uma mãe ver seu filho servindo ao Senhor", disse ela certa feita.

Também, no sábado à tarde, ele se reuniu com as lideranças da comunidade paroquial e anunciou sua decisão de não apenas se afastar da paróquia, mas também do ministério. Isso pegou todos de surpresa. Murmurinhos surgiram, mas, no fim, acredito que entenderam suas motivações.

Para a sessão de hoje, o padre Epifânio chegou um pouco adiantado e teve que esperar uns 15 minutos na sala de espera.

— *Para ser sincero, hoje eu gostaria de não ter vindo* – disse[133] Epifânio assim que se acomodou na poltrona.

— *Por quê?*

— *Hoje eu só queria ficar sozinho.*

— *Entendo. E por que não faltou? Por que você veio?*

— Não sei.

— *Por dever?*

— *Talvez.*

— *Posso propor algo diferente?*

— Já estou aqui mesmo...

— *Eu já atendi muitos pacientes hoje. Compartilho com você esse desejo de estar sozinho, divagando no meu próprio silêncio, escutando apenas o eco dos meus pensamentos ou apenas ler um bom livro. Estou lendo um livro fantástico! Na verdade, estou relendo pela terceira vez. O Senhor dos Anéis, você conhece?*

— *Nunca li o livro, mas assisti aos filmes.*

— *Então. Minha proposta é a seguinte: eu irei ficar aqui sentado, lendo meu livro, e você pode descansar um pouco, aqui, deitado no divã. Não se incomode comigo. Finja que eu nem estou aqui. Prometo que não irei quebrar seu silêncio nem interromper sua paz.*

Epifânio achou a proposta um tanto estranha. Relutou um pouco em aceitar, mas acabou cedendo. Dirigiu-se ao divã, sentou-se e, após alguns segundos, ele deitou-se meio sem jeito, buscando uma posição confortável. Com as pernas cruzadas e as mãos sobre o peito, sentiu-se um tanto relaxado. O doutor Sócrates, sentado em sua poltrona levemente posicionada fora do alcance da visão do padre Epifânio, pegou um livro que estava em uma mesinha de apoio ao lado de sua poltrona, abriu e começou a ler. E o silêncio

---

[133] Interessante. E, ainda assim, ele veio e chegou adiantado...

reinou por alguns minutos, e aos poucos ele ia fecundando os pensamentos do padre Epifânio, que apesar de estar com os olhos fechados, não tinha a intenção de cochilar.

Três minutos de eternidade se passaram para o vigário, até que ele abriu os olhos e girou levemente sua cabeça para ver o que fazia o analista. O doutor Sócrates parecia concentrado em sua leitura. O padre Epifânio, agora de olhos abertos e com os dedos das mãos inquietos, girou novamente a cabeça na direção do analista e disse:

— *Na quarta-feira passada, eu jantei com minhas irmãs e comuniquei a elas que estou me afastando do ministério.*

O doutor Sócrates fechou calmamente o livro e o recolocou na mesinha de apoio sem fazer movimento brusco. Mas também não teceu comentário à fala do padre, que continuou falando.

— *No sábado, foi a vez de comunicar à paróquia. Conversei com as lideranças na parte da tarde e, à noite, anunciei ao final da missa.*

O padre Epifânio tinha conseguido a atenção do analista, que demonstrou estar interessado no que ele tinha a dizer, mas, até o momento, manteve-se em silêncio, sem nada comentar. E o padre então continuou.

— *Foi um dos momentos mais difíceis de minha vida. Encarar os olhares de decepção é experimentar um luto em relação a si mesmo. Parece que o que eu era já não sou mais e que eles preferiam que eu fosse justamente o que deixei de ser. É impressionante como alguns se sentem traídos, enganados e frustrados. Mas não foi mentira o que vivi até então. Não foi um teatro nem uma farsa. Meu Deus! Como é difícil romper com os desejos dos outros, como é doloroso deixar de corresponder às expectativas que os outros nutrem sobre nós! E sabe o que é pior? Não é decepcionar os vivos, mas sim os mortos.*

— *Como assim?* – questionou o analista que até então o escutava atentamente.

— *Minha mãe está muito decepcionada comigo. Ela deve estar se revirando no túmulo. Se ela estivesse viva, talvez eu não tivesse a coragem de abandonar o sacerdócio.*

— *Por que você acha isso? Alguém falou?*

— *Minha irmã. E quer saber? Ela tem razão. Não sei se eu suportaria o olhar de decepção de minha mãe.*

— Você está insistindo muito na ideia de ter decepcionado as pessoas. E seus colegas do clero, o que dizem?

— A maioria tomou como surpresa. Apenas alguns mais próximos sabiam. Alguns deles diziam que eu sou um tolo por abrir mão da vida eclesiástica e seus privilégios. E talvez eu seja mesmo. Um tolo querendo ser honesto. E sabe o que é o mais engraçado? É que nós padres pregamos e fazemos belíssimas e emocionantes homilias sobre o sacrifício, mas o que nos mantém mesmo no sacerdócio são os privilégios da vida sacerdotal[134].

Após ter feito essa afirmação, o padre Epifânio silenciou por alguns instantes.

— Interessante esse ponto de vista. Você quer falar mais sobre isso? – provocou o analista.

— Veja, o servidor não é um "privo da lei", com regalias e vantagens que o façam estar em uma posição acima de outros. O serviço requer do servidor uma tomada de consciência de que sua "grandeza" está em aceitar sua "pequenez". Eis o grande e misterioso paradoxo do discípulo: "aquele que quiser tornar-se grande entre vós, seja aquele que serve, e quem quiser ser o primeiro dentre vós, seja o vosso servo"[135]*. A grandeza está em servir e não em ser servido, pois "o Filho do Homem não veio para ser servido, mas para servir e dar sua vida como resgate por muitos"*[136].

— E você se deu conta de que estava usando o sacerdócio ao seu favor e não como um serviço?

— Eu não disse isso.

— Não. Não disse.

— Mas provavelmente sim. Provavelmente eu já estava vivendo mais das vantagens do que dos sacrifícios. A maior das perversões contra o sacerdócio é transformá-lo em um meio de ascensão social. Às vezes, sem perceber, acabamos por transformar a liturgia em shows pirotécnicos.

Nesse momento, mais uma vez, o padre Epifânio tentou, girando a cabeça, olhar o seu analista, talvez buscando nele alguma anuência ou com-

[134] Aqui cabe dizer, e o próprio Epifânio reconhece isso em vários momentos de sua fala, que essa não é uma regra universal.

[135] **Mt 20, 26-27**. BÍBLIA [...], 2006, p. 1740.

[136] *Ibidem*, v 28.

placência à sua confissão. O doutor Sócrates não fez comentário e, também, não demonstrou piedade para com o vigário penitente. Seu olhar parecia distante e o padre Epifânio começou a se questionar se ele o estava de fato escutando.

Pobre de mim, leigo que sou, coube a tarefa de vos contar essa história. E temo ser tão raso em minhas inferências a não transmitir com coerência os fatos, as falas e as impressões que cá e lá eu pude captar, principalmente, nos momentos de maior tensão. Todavia, sem me atrever a fazer uma exegese nem uma teologia do sacerdócio, mas apenas usando os próprios ensinamentos que aprendi escutando as homilias do próprio padre Epifânio, pois o acompanho desde o princípio, considero que a consciência da cruz se contrasta com a pretensão em receber regalias e honrarias.

O poder que Cristo transmitiu a seus Apóstolos não tem a mesma natureza do poder exercido e desejado pelas autoridades deste mundo, que o exerce com tirania e opressão. "Se alguém quer vir após mim, negue-se a si mesmo, tome sua cruz e siga-me"[137]. Essa exigência provoca uma ferida narcísica mortal no humano, pois atinge o homem em seu ego, em sua vaidade. E essa renúncia, paradoxalmente, é a possibilidade de vida: "pois aquele que quiser salvar a sua vida, a perderá, mas o que perder sua vida por causa de mim, a encontrará"[138].

O exercício sacerdotal é uma ação totalmente configurada à ação de Cristo, de forma que o padre não age na solidão de sua humanidade, mas por meio dela Cristo age em perfeita solidariedade. E assim como a ascensão de Cristo foi no madeiro da Cruz, ao sacerdote não cabe uma outra ascensão se não a mesma de Cristo. A ascensão social, gloriosa aos olhos dos homens, é uma perversão na configuração do discípulo ao seu mestre[139]. Depois, também, a liturgia não é ocasião de ostentação nem mesmo meio de satisfação do ego vaidoso do celebrante, nem espaço de compensações psíquicas.

Mas, por favor, não me entendam mal, pois não tenho a pretensão de fazer uma teologia do sacerdócio, nem mesmo uma crítica aos sacerdotes. Minhas considerações querem apenas mostrar o quão difícil é ser

---

137 **Mt 16, 24.** *Ibidem*, p. 1734

138 *Ibidem*, v. 25.

139 É muito comum escutarmos padres e pastores se autodeclararem "líderes religiosos". Isso chega a soar de forma ridícula. Cristo não formou líderes, e sim, servos.

um ministro de Cristo sem ceder à tentação de um exercício deturpado do "poder". A vaidade é o que se esconde por detrás das pompas, sob o véu de um discurso que visa apenas justificar e aliviar a consciência daquele que não quer assumir sua prepotência, quando afirma: "para Cristo deve-se dar o melhor". Todavia, confundem o "melhor para Cristo" com o "melhor para si mesmo". O que seria melhor para Cristo se não um coração puro e humilde? Privilégios, pompas, reconhecimento social, enfim, não servem a Cristo e sim à vaidade dos que pretendem representá-lo.

Após o padre Epifânio falar, ou melhor, reconhecer que o sacerdócio estava se tornando uma ocasião de vaidade e não de um serviço, o analista tentou afunilar ainda mais seu discurso, a fim de que ele passasse a usar mais o pronome em primeira pessoa saindo da esfera do impessoal.

— *Você está fazendo a* mea culpa*?* – perguntou o doutor Sócrates.

— *É possível que sim.*

— *É possível ou está?*

— *Estou.*

— *Você acredita que estava decepcionando Cristo?*

— *Sim.*

— *Mas, agora, renunciando ao seu ministério você está decepcionando sua mãe, suas irmãs, o bispo, o clero e seus paroquianos.*

— *O senhor me entende? Não importa o que eu faça, irei sempre decepcionar as pessoas. Sinto-me tão fraco, tão manipulável, com essa minha necessidade de agradar a todos.*

— *Fraco e manipulável! E, no entanto, está tomando uma decisão que vai contrariar a todos, os vivos e os mortos!*

Nesse momento, o padre Epifânio sentou-se no divã e olhava com aflição para o seu analista, que permaneceu imóvel.

— *Ajude-me. Dê-me uma luz* – apelou com voz embargada o vigário aflito. — *Estou sendo um egoísta ingrato por escolher fazer a minha vontade ao invés da vontade de Cristo?*

— *Está?*

— *Não consigo mais diferenciar entre a vontade de Cristo e a vontade dos que pretendem falar em nome dEle.*

O padre Epifânio voltou a deitar-se no divã. Nesse momento, ele se recordou de um episódio que lhe aconteceu quando ele ainda era um seminarista. O então reitor lhe havia dado uma missão que ele recusou. O reitor então apelou para a autoridade divina dizendo que aquela era a vontade de Deus, a que ele prontamente lhe respondeu: "Se essa é a vontade de Deus para mim, então que Ele mesmo me peça, e não mande recados". Isso, é claro, foi interpretado pelo seu formador como um ato de rebeldia e quase lhe custou a expulsão do seminário.

O grande problema em relação à vontade de Deus é que Deus possui muitas vontades, a depender de seu mensageiro. Nesse caso, concordo com o seminarista Epifânio: seria mais interessante que Ele não mandasse recados, mas falasse diretamente com o interessado. Concordando ou não, e seguindo o exemplo do então seminarista, devo me retratar sob pena de estar cometendo um ato de rebeldia, ou o que é mais grave, uma blasfêmia.

Querer falar em nome de Deus é a maior das vaidades. Pressupor interpretar o querer de Deus na vida dos outros é uma pretensão de exercer um "poder" sobre a vontade alheia. E a vaidade é o princípio do declínio do sacerdócio e, ao mesmo tempo, um esconderijo para os falidos.

O falimento não acontece apenas quando um padre renuncia ao seu ministério, mas sobretudo quando ele se deixa levar pelas compensações emocionais, materiais, sociais, entre outras, que seu ministério lhe possa proporcionar. E o que é ainda pior é o fato do padre não se dar conta de que seu ministério já faliu e, com narrativas perversas, buscar justificar sua atuação. Na maioria das vezes, ele está de fato convencido de que está servindo a Cristo e a sua Igreja, mas qualquer bom observador notará que ele está servindo a seu próprio ego.

O falimento pode estar escondido por trás de condutas e atitudes moralistas e ostentações paramentais e litúrgicas. Bem como, na busca de reconhecimento social e, dentro da própria Igreja, quando se almeja mais a cargos e a títulos do que servir ao povo de Deus. Entre o santo e o hipócrita existe uma fronteira aberta e aquele que não estiver atento pode transitar de um lado para o outro sem nem mesmo se dar conta. E como a hipocrisia é muito mais fácil de ser vivida, facilmente cede-se à tentação de refugiar-se nela a ter que assumir o próprio fracasso.

Todo o percurso, e digo isso porque vi de perto, da formação sacerdotal é envolto em uma atmosfera na qual a alegoria e a realidade se mesclam o tempo todo. Estética e ética caminham pari-passo. E não poderia ser diferente. A estética sacerdotal é belíssima e a beleza sempre está a serviço da verdade. Desvincular o belo do verdadeiro é esvaziar a beleza de sua essência e transformá-la em imagem estéril. E, infelizmente, isso não é difícil de acontecer. Quando a estética sacerdotal está a serviço de Cristo, a verdade do belo encanta, não por seu aspecto alegórico, mas simbólico. Nada é mais belo e simbólico na estética cristã do que a simplicidade e a humildade. Se a estética está a serviço da vaidade do sacerdote, ela se distancia do verdadeiro e se resume a pura e simples alegoria. A estética sacerdotal é encantadora. E isso não é ruim. Mas ela não tem um fim em si mesma e não pode estar a serviço da vaidade do sacerdote.

Não é fácil para o padre reconhecer quando faliu. Abrir mão do sacerdócio é muito mais do que simplesmente deixar de atuar ministerialmente em uma paróquia. Muita coisa se perde ao abrir mão do estado clerical, e algumas delas não estão claras nem mesmo para o renunciante.

Renunciar ao ministério não é o mesmo que renunciar a Cristo e à sua Igreja, no entanto a perda do estado clerical pode significar um abandono por parte da instituição e dos que até então eram considerados irmãos. Alguns estão até dispostos a deixar o ministério, mas não o fazem porque não estão dispostos a assumir as consequências. E por isso aceitam sacrificar o aspecto ético para se refugiar nos aspectos estéticos do sacerdócio. Um sacerdócio esvaziado de seu sentido místico afeta negativamente a Igreja e ao próprio sacerdote.

Em meio a tudo isso, no entanto, uma coisa é preciso ser dita: Cristo não chamou a ninguém por ser especial. Ele não chamou os capacitados intelectuais e muito menos os moralmente virtuosos. Alguns inclusive possuíam atividades duvidosas. O que Cristo enxergou neles permanece um mistério que só pode ser contemplado a partir de um encontro existencial com Ele. "Segui-me e eu farei de vós pescadores de homens"[140], foi o convite do mestre, "eles, deixando imediatamente as redes, o seguiram"[141], foi a generosa resposta dos discípulos.

[140] **Mt 4, 19.** *Ibidem*, p. 1709.

[141] *Ibidem*, v. 20.

Entre o mestre e seus discípulos criou-se uma relação de confiança e sinceridade. "Afasta-te de mim, Senhor, porque sou pecador"[142] confessou o discípulo sincero. "Não tenhas medo"[143], encorajou-o o mestre. A consciência de sua fraqueza, de sua miséria e de seu pecado não é impedimento para o padre exercer com dignidade seu ministério, mas o medo sim. O medo de se lançar nas "águas profundas" de uma doação incondicional; mas também o medo de reconhecer seu pecado, sua infidelidade e sua pequenez. O medo de confessar-se pode levá-lo a criar mecanismos de defesa e negação do próprio pecado, ao ponto de aceitar conviver pacificamente com ele e sua consciência, convencendo-se a si mesmo de que o pecado não é impedimento ao seu ministério.

Estar a serviço de Cristo não é algo fácil. Até mesmo no afã de servi-lo pode-se cometer equívocos. Pedro é um exemplo disso quando tentou dissuadir Jesus de falar sobre sua morte: "Isso jamais te aconteça"[144], foi a fala de um discípulo preocupado com seu amado mestre. "Afasta-te de mim, satanás"[145], foi a dura resposta de um mestre a um discípulo que resistia a compreender o verdadeiro sentido do serviço. Um discípulo que se demonstrava lento para aprender, mas ao mesmo tempo humilde o bastante para reconhecer: "Senhor, a quem iremos? Tens palavra de vida eterna"[146], deixando assim de ser uma "pedra de tropeço" para se tornar uma "pedra fundamental" na construção da Igreja.

"Afasta-te de mim", disse Pedro a Jesus, ao que respondeu: "não tenhas medo". "Afasta-te de mim", disse Jesus a Pedro, e sua resposta foi: "a quem iremos?" A relação do padre com Cristo é tensa quando é sincera. Esconder-se atrás de uma aparência de santidade ou humildade pode até enganar os "fiéis", mas não a Cristo. Negar a própria fraqueza não o faz forte, apenas um covarde. E o covarde é aquele que tem medo. E quem tem medo não escutou o mestre que repetidamente disse: "não tenhas medo".

O doutor Sócrates deixou que o padre Epifânio ruminasse por alguns minutos sua dúvida cruel. "Qual é a vontade de Cristo em minha vida?". Depois, ele interveio.

---

142 **Lc 5, 8.** *Ibidem*, p. 1734.

143 *Ibidem*, v. 10.

144 **Mt. 16, 22**. *Ibidem*, p. 1734

145 *Ibidem*, v 23.

146 **Jo. 6, 68**. *Ibidem*, p. 1860.

— *Qual é a sua vontade?*

— *E isso importa?*

— Não foi esta a questão que *o trouxe até aqui? Escolher sair ao invés de ficar não foi a sua escolha?*

— *Foi.*

— *Se a escolha já foi feita, qual é a questão?*

— *Talvez a culpa.*

— *Do que lhe acusam?*

— *De ser infiel.*

— *E você é?*

— *Acredito que assumir a minha incapacidade de prosseguir também é um ato de fidelidade. Permanecer não sendo mais capaz de cumprir o que prometeu ser não seria uma infidelidade também?*

— *Você sente a necessidade de mostrar ou provar para os outros que você não está sendo infiel?*

O padre Epifânio tentou elaborar uma resposta, mas o doutor Sócrates o interrompeu, dizendo que o tempo havia acabado. Na verdade, já haviam se passado alguns minutos do tempo previsto para o fim da sessão. O padre levantou-se, meio relutante, agradeceu, como de costume, e saiu do consultório com passos pesarosos. O doutor Sócrates o acompanhou até a porta, como sempre faz.

Enquanto tomava seu café, Sócrates pensava: "Nós e nossos dramas! Somos acusados pelo que fazemos e pelo que não fazemos". Nesse momento, meneou a cabeça e sorriu como se quisesse dizer: "Sei bem o que é isso".

Não quero render conversa, até porque não me meto na confusão alheia, mas acho que nosso analista está se referindo ao acontecido que se tornou o pivô de seu divórcio. Pois é, ele foi acusado de infidelidade conjugal. Sua esposa cismou que ele estava tendo um caso com uma de suas pacientes. Não estou aqui para defender ninguém, mas sendo sua esposa uma psicóloga, ela bem deveria saber que transferências amorosas são coisas corriqueiras nos consultórios dos psicanalistas. Facilmente, mulheres carentes se encantam com seus analistas com a falsa ilusão de que eles são atenciosos, sensíveis e sabem escutar e compreendê-las. Também não digo que o contrário não possa acontecer. Nenhum analista está imune a se encantar com alguma de suas pacientes.

A transferência amorosa ou as fantasias sexuais entre analistas e pacientes são muito comuns[147]. Em alguns casos, esse tipo de transferência até ajuda no processo de tratamento. Porém, o que de fato importa é a postura do analista e como ele vai lidar com a situação, caso isso lhe aconteça. É um imperativo ético da psicanálise, e o doutor Sócrates, até o momento, o tem seguido à risca: não se envolver amorosamente com alguma paciente e, se acaso ele começar a nutrir sentimentos que possam vir a prejudicar o processo analítico, em nome da ética profissional, ele precisa encerrar o tratamento e encaminhar sua paciente a um outro profissional.

Ora, acaso é desconhecido o caso "Anna O" e como ela se tornou a paciente de Freud? Garcia-Roza faz referência a esse fato e cita um biógrafo de Freud, a saber, E. Jones, que relatou como tudo aconteceu. Segundo Garcia-Roza,

> O que motivou o término do tratamento foi um fenômeno que, apesar de ser hoje em dia bastante conhecido, impossibilitou Breuer de continuar a relação terapêutica com Anna O. o fenômeno da transferência e da contratransferência. O interesse de Breuer pela sua paciente era vivido por ele como sendo de caráter puramente clínico e científico, e o fato de falar nela com uma frequência acima do comum não lhe parecia indício de nenhum envolvimento emocional, mas sim desse interesse "neutro" que deveria existir na relação médico-paciente. Essa não era, porém, a maneira como a mulher de Breuer vivia a situação[148].

A moça em questão, de fato, se enamorou pelo doutor Sócrates e, talvez pela pura arte da provocação, gostava de narrar em detalhes seus sonhos e suas fantasias eróticas. O doutor Sócrates, é claro, com toda a experiência de anos de consultório, estava manejando a situação com profissionalismo. Até que um certo dia sua esposa encontrou uma carta escrita pela tal paciente, na qual ela se declarava abertamente, dentro de um livro que Sócrates

[147] Tema digno de cinema.

[148] GARCIA-ROZA, 2020, p. 39-40.

tinha levado para casa[149]. Ao entregar a carta, a moça lhe pediu para que ele a abrisse somente quando ela já tivesse ido embora. Ele simplesmente a colocou dentro de um livro que estava na mesinha de apoio, junto à sua poltrona, e, ato falho talvez, acabou levando o livro para casa. E o resto da história acredito que vocês poderão intuir.

Ele tentou provar sua inocência de todas as formas, mas foi um esforço em vão. E pelo que conheço de Sócrates, nada lhe é mais ofensivo do que ser acusado de algo sendo ele inocente. Acho que é próprio dos neuróticos, principalmente os obsessivos, essa excessiva preocupação com o que os outros pensam sobre eles. Afinal de contas, a autoimagem é um mecanismo de defesa.

[149] Sócrates tinha o costume de, quando estava lendo um livro, levá-lo sempre consigo. Não sei se ele levou a carta para sua casa de forma consciente ou não. Seria um ato falho? Teria ele inconscientemente desejado que sua esposa a encontrasse dentro do seu livro? Não quero e não vou aqui fazer especulações a este respeito, mas fato é que o acontecido foi a gota d'água em uma relação que já vinha se arrastando em crise.

SESSÃO: "A ÚLTIMA MISSA"

Domingo, 21 de setembro de 2006. O relógio marcava exatamente 18h55. Faltavam cinco minutos para o início da celebração. Sócrates permanecia dentro do seu carro, estacionado na praça bem em frente à matriz, de onde tinha uma visão privilegiada da fachada imponente da igreja de Nossa Senhora da Conceição. Coincidência ou não, era justamente a igreja que sua mãe frequentava. Também foi nessa paróquia que ele foi batizado e crismado. Aqui também foi celebrada a missa de sétimo dia do falecimento de sua mãe e, se não me falha a memória, e ela já começa a falhar, foi também o último dia que ele entrou nessa igreja. "Lá dentro deixei a minha fé, há muitos anos", pensou ele, enquanto observava uma multidão que se exprimia dentro da igreja e outra que se formava do lado de fora.

Quando teve que batizar sua filha, coisa que ele não fazia questão, mas, como sempre, o fez para agradar sua então esposa, que, ao contrário de nosso analista ressentido, cultiva a fé e as boas práticas da religião, a batizou em uma outra paróquia, do bairro no qual moravam: Paróquia de São José. Nessa mesma paróquia, viu sua filha comungar pela primeira vez e, vez ou outra, quando ela se apresenta no coral infantil da missa das crianças, ele faz um certo esforço para prestigiar.

De dentro do carro, sem ousar descer, até porque sua presença contraria a ética da relação com seu paciente, ele viu uma procissão que saía de um salão do lado da igreja e se dirigia à porta principal. Então viu pela primeira e, também, última vez o padre Epifânio paramentado. Caminhava no final da fila, ao lado do bispo, e tinha sua cabeça levemente inclinada para o chão. "Vamos lá, criatura, levante a cabeça!", disse Sócrates, sussurrando, como se o padre o pudesse ouvir. Dizendo isso, ligou o carro para retornar para sua casa.

Enquanto se afastava, ouvia pelo som da torre da igreja o que lá dentro estavam cantando: *"Sou bom pastor, ovelhas guardarei, não tenho outro ofício nem terei, quantas vidas eu tiver eu lhes darei. Maus pastores em dia de sombras..."*. "Filhos da mãe[150]", disse ele, e desta vez não foi sussurrando, "é para destruir mesmo a consciência do cabra, ele está saindo, renunciando ao seu ministério, se sentindo um baita de um ingrato traidor, e fazem questão de frisar e confirmar esse sentimento". Em outras palavras, o mau pastor cantado na canção é Epifânio. "Como a igreja é mestra em produzir culpa nas pessoas", pensou Sócrates, enquanto acelerava seu carro para se afastar dali o mais rápido possível. A partir de amanhã, meu caro Sócrates, você terá muito trabalho a fazer!

O paciente que antecede Epifânio faltou por motivos de viagem. Sócrates aproveitou para colocar algumas coisas em ordem e ainda lhe sobrou um tempinho para relaxar fazendo uma leitura. "Gandalf!", disse ele em tom de admiração, "Conselheiro e guia, capaz de despertar em cada um o que cada um tinha de melhor em si", pensou alto. Sua leitura foi interrompida por uma leve batida na porta. Epifânio[151] chegou.

— *Pensei que você não viria hoje* – disse o analista.

— *E por que eu não viria?*

— *Se não estou enganado, você tinha dito que ontem seria a celebração de sua última missa.*

— *De fato foi.*

— *Pensei então que hoje você quisesse ficar sozinho, em paz.*

— *Sim. Hoje é um bom dia para aceitar sua proposta. Deitar-me aqui em silêncio enquanto o senhor lê seu fantástico livro.*

— *Prometo que não vou lhe tirar a paz.*

---

[150] Aqui entre nós, Sócrates usou uma outra expressão, mas como ela não faz parte de seu linguajar corriqueiro, nem ficaria bem colocada neste texto, acho que ele não se importará se eu mudar a expressão usando a palavra "Mãe" ao viés de ... vocês sabem.

[151] Estou em dúvidas se devo me referir a ele como padre Epifânio ou apenas Epifânio. Pela intimidade que acredito ter com ele, irei chamá-lo d'ora em avante neste texto apenas pelo nome de Epifânio. Mais adiante veremos como fica.

Ao dizer isso, o doutor Sócrates estendeu a mão apontando para o divã, como que convidando Epifânio a tomar seu posto.

— *Foi o que o senhor me prometeu na semana passada* – respondeu Epifânio, enquanto se dirigia em direção ao divã.

— *Não, o senhor não me tira a paz, mas também não me dá. Não tenho encontrado paz aqui.*

— *Era isso que você esperava encontrar em meu consultório? A paz? "A Igreja é um ótimo lugar para se procurar a paz, mas ao que tudo parece, nem lá você a encontrou"* – essa parte Sócrates pensou, mas não falou.

— *Para ser sincero, não sei o que vim procurar aqui.*

A esse ponto, o doutor Sócrates estava em silêncio e assim permaneceu. Não seria o caso de entrar em um debate sobre onde ou como encontrar a paz, nem mesmo discutir sobre o que Epifânio esperava encontrar no processo analítico. Estava claro que ele se sentia um tanto perdido. A paz é uma sensação ambígua se levarmos em conta a dinâmica do nosso espírito. Seria a paz o ordenamento e o equilíbrio das nossas emoções? Ou seria ela uma sensação causada por efeitos do ambiente? Alguém poderia nos dar ou nos tirar a paz? Segundo a literatura cristã, a paz é fruto da confiança inabalável do homem em Deus[152], aliás, ela é um dom de Deus[153] e dom do Cristo ressuscitado[154], enfim, Epifânio deveria saber disso mais do que eu.

Por outro lado, não é razoável pensar que um processo analítico tenha como finalidade trazer paz ao analisando. Se ao final do processo, havendo uma reconciliação do sujeito consigo mesmo, ele encontrar uma certa paz, não significará dizer que tenha sido fruto da análise em si, mas de um processo de autoaceitação. Já se sentindo acomodado no divã, Epifânio enfim iniciou uma conversa.

— *Foi uma bela missa. Triste, mas bela.*

Com toda certeza, o belo é uma maneira eficiente de se lidar com aquilo que é triste. Em outras palavras, é possível preencher o vazio provocado pela tristeza com a beleza. Beleza de um objeto substituto. Assim, é bela a música, só para dar um exemplo, que brota de uma alma tristonha pela perda de algo

152 "Cesse de perturbar-se o vosso coração! Credes em Deus, crede também em mim". **Jo 14, 1**. BÍBLIA [...], 2006, p. 1879.

153 "Iahweh mostre para ti a sua face e te conceda a paz!". **Nm 6, 26**. *Ibidem*, p. 212.

154 "Deixo-vos a paz, minha paz vos dou". **Jo 14, 27**. *Ibidem*, p. 1881.

que lhe era caro. Pessoas que sofreram grandes perdas trazem consigo um vazio que pode se transformar em oficina do belo.

Todavia, a fim de se fazer justiça, não podemos, como fazem os incapazes de ultrapassarem as barreiras do senso comum, reduzir o belo a uma forma de olhar o objeto[155], mas nem mesmo podemos restringir a beleza como um aspecto ou uma característica dele[156], apesar de que, é nele que a beleza de fato está, seja nos objetos concretos, sejam nos abstratos. Digo isso porque precisamos compreender o paradoxo emocional no qual se encontrava Epifânio: apesar de se sentir triste, era capaz de perceber beleza.

A beleza percebida por Epifânio, e que serve de consolo aos que vivem seus lutos, não era a beleza do ritual em si, digo, da estética própria da liturgia da missa, mas do "ato dele" ao se submeter ao juízo alheio dentro de um contexto que lhe era peculiar, a saber, deixar seu sacerdócio realizando aquilo para o qual o sacerdócio foi instituído e sem o qual perde seu sentido de ser: a missa. A beleza contemplada por Epifânio em meio à sua tristeza estava não na sensação provocada pelos olhos (estética litúrgica), nem pelos ouvidos (estética sonora), mas sim pela sensação intelectual e moral de estar fazendo a coisa certa do jeito certo: ele se sentia honesto consigo mesmo. Vale lembrar que a Filosofia grega não dissociava beleza, justiça e verdade.

Então, a beleza contemplada por Epifânio não estava no evento externo a si mesmo, mas estava naquilo que ele havia se tornado: um ser ético. Contemplando o belo, naquele momento, ele se autopercebia. A beleza que pode ser aplicada ao ser humano é aquela que está intimamente ligada à ética. Assim, a beleza do ser humano está na ação que o torna humano. Mas não vamos aqui colocar em pauta a Filosofia, pois, se eu tiver que evocar Platão, Aristóteles ou mesmo Kant, vocês terão que me aturar por muito mais tempo. E tempo não é uma coisa da qual dispomos tanto assim. Fato é que essa observação feita por Epifânio, com a qual ele iniciou seu discurso, não poderia passar em branco.

— *Você estava se sentindo triste?* – perguntou então o analista.

— *Claro. Há um luto em mim.*

— *O que você perdeu?*

155 Ponto de vista muito difuso no senso comum é que "a beleza está nos olhos de quem vê", confundindo assim, beleza com gosto.

156 Sejam generosos e não entendam mesquinhamente objeto com coisas em geral, mas entendam objeto no sentido mais amplo de ser tudo aquilo que não está preso à corporeidade do sujeito.

— *Uma parte de mim. Ou melhor, mais uma parte de mim. Aos poucos, vou me sentindo incompleto.*

— *E como você está se sentindo agora?*

— *Ainda triste, porém levemente em paz.*

O doutor Sócrates permaneceu silencioso e olhava seu paciente, que claramente emitia sinais de tristeza e abatimento. Deu-lhe um tempo e depois insistiu:

— *Quer descrever essa leve paz que você está sentindo?*

Após um profundo respiro, Epifânio continuou.

— *O que posso dizer... Essa leve paz, possivelmente, seja fruto de um ciclo que se fechou. Acho que fiz a coisa certa e, mais do que isso, creio que fiz do jeito certo. Durante a missa, tive a sensação de estar sendo verdadeiro. Senti-me honesto.*

É próprio dos neuróticos obsessivos essa necessidade de rituais como forma de legitimar suas atitudes perante os outros. Um ciclo se fecha, um outro se abre. Também os rituais servem como proteção. Nesse caso, proteção contra possíveis acusações que poderiam vir a ocorrer por parte das pessoas, que adoram essas ocasiões para tecer suas teorias e fazer as mais esdrúxulas especulações.

E, ainda assim, Epifânio não ficou imune às fofocas, maledicências, mentiras, entre outras atitudes desonrosas, que não são incomuns na Igreja e, sobretudo, no clero. Quando vinha à tona uma notícia escandalosa a respeito de um "irmão", a coisa era muito mais recebida com tom de "gozo pela desgraça alheia" do que de dor pela "dor alheia". Era como se a miséria do outro desfocasse deles o olhar de suas próprias misérias, ao invés de os levar a refletir sobre elas. Era perceptível o prazer com o qual alguns propalavam as notícias de escândalos envolvendo "colegas do clero". Normalmente, os juízos mais cruéis eram advindos de "juízes" que se atribuíam uma imagem de santidade que nada mais era do que uma muralha de vidro, tentando esconder suas vidinhas erigidas sobre os pilares da hipocrisia e do moralismo.

— *"Fez a coisa certa do jeito certo"* – disse o analista. — *Existe um jeito certo de deixar o ministério?* – perguntou em seguida.

— *Não existe um ritual ou uma liturgia própria para se retirar do ministério. Não existe uma celebração com essa finalidade. Todavia, o fato de ter me adiantado, procurado o bispo, conversado com minha família e a comunidade, enfim, o fato de não ter sido expulso, acredito ter sido uma forma correta de ter feito o que fiz.*

— Então não existe um ritual do qual possa ser dito "a última missa". Ainda assim, você quis realizar esse ritual. Por quê?

— Como já disse, eu precisava fechar um ciclo para começar outro. Depois, quis mostrar para as pessoas que eu não estava abandonando a Igreja, nem a fé católica.

— Quis mostrar para as pessoas?

— Sim. Afinal de contas, elas mereciam uma satisfação. Foram anos de convivência nas várias paróquias pelas quais passei. Existia um laço de confiança, não quis rompê-lo bruscamente.

Neuróticos! Então, "não basta ser, tem que parecer ser". Uma coisa interessante é que os neuróticos obsessivos inventam seus próprios rituais e lhes atribuem significados segundo seus interesses ou suas pretensas necessidades. E quando se utilizam de rituais já estabelecidos e definidos, por uma religião, por exemplo, conseguem dissecar tais rituais de seus significados originais e atribuir-lhes significados que correspondam às suas demandas.

A missa é um ritual católico realizado pelo sacerdote cujo objetivo é satisfazer a vontade de Deus e, assim, obter deste a benevolência em favor de si e da comunidade. Mas, ao que parece, Epifânio quis celebrar uma última missa, não para se sentir honesto diante de Deus, mas sim diante das pessoas. A paz e a beleza sentidas por ele tinham sua fonte na imagem que estava sendo passada para as pessoas de um homem íntegro.

Sócrates o interrogou se ele acreditava ter alcançado seu objetivo, mas ele só podia garantir a respeito do que ele mesmo estava sentindo, e não do que os outros estavam pensando ou sentindo a seu respeito. De forma que, seu objetivo só havia sido alcançado parcialmente.

Quando um padre deixa o exercício de seu ministério, por mais que ele busque fazer da forma mais correta possível, o próprio fato de "deixar o ministério" já é interpretado e sentido pelas pessoas como sendo um fracasso de sua parte, um ato de infidelidade, não importando o que o padre diga ou faça para se justificar, o ato em si é considerado injustificável.

Epifânio relatou ainda algumas cenas e partes da liturgia que ele considerou marcantes. O simbolismo de ter devolvido a paróquia nas mãos do próprio bispo; de ter entrado e saído pelo corredor central da igreja; de ter deixado no altar sua estola, símbolo da autoridade sacerdotal, entre outras, tudo isso ele disse ter vivenciado como um ritual de conclusão dessa etapa de sua vida. Mas as pessoas estavam entendendo dessa forma? Podemos dar garantias do que fazemos, mas não podemos garantir o que e como os outros interpretam o que fazemos.

A sessão chegou ao final e Epifânio já apresentava sinais de mutismo. Entre uma fala e outra, houve longos momentos de silêncio. Sócrates parecia não estar interessado em saber detalhes da liturgia, pois o mais importante já estava posto: Epifânio, ao que parecia, havia se utilizado do ritual para se legitimar frente à comunidade; no entanto, a verdade era que ele precisava legitimar-se frente a si mesmo. Não eram os olhares das pessoas que iriam lhe incomodar nos dias sucessivos, mas sim, seu próprio olhar sobre si mesmo.

Assim que Epifânio se despediu, Sócrates sentou-se e começou a reler algumas de suas anotações, como que buscando uma resposta ou tentando compreender algo que, certamente, lhe escapou ou se apresentava ainda um tanto confuso. Depois fez algumas anotações complementares. Pude ler apenas algumas palavras, tais como necessidade de aprovação, dificuldade de sustentação de uma autoimagem, dependência afetiva materna, e fuga do olhar paterno, explorar o complexo de Édipo e a fantasia da castração. As outras anotações não tive tempo de ler, pois, além de ter escrito às pressas, Sócrates nunca deixa suas anotações à mostra, mas assim que as conclui, coloca-as numa pasta guardando-a numa gaveta.

Assim que colocou tudo em ordem, ele se apressou em ir para casa. Chegando ao estacionamento, se enfureceu ao ver que haviam estacionado um carro muito próximo ao seu. "Odeio gente barbeira", disse ele meneando a cabeça, e percebeu que o porteiro e o vigilante estavam vendo aquela situação e estavam conversando entre si. Logo Sócrates intuiu que estavam comentando se ele iria ou não conseguir sair com seu carro. Um pouco para frente, um pouco para trás, com a ajuda da câmara de ré, ele conseguiu sair. Mas do ângulo de visão em que estavam os dois homens conversando e observando a cena, dava-se a ilusão de ótica de que Sócrates havia dado uma leve encostada no para-choque dianteiro do carro, cujo motorista ele havia denominado de "motorista supositório"[157].

Pensar que o porteiro e o vigilante estavam pensando ter visto ele encostar no carro do barbeiro lhe tirou a paz de tal modo, que logo começou a planejar uma forma de desfazer o mal-entendido. Conhecendo a si mesmo e sabendo que não teria paz se fosse para casa sem ter a certeza de que seus juízes o haviam absorvido, ele parou seu carro bem em frente à portaria do prédio, fingiu ter esquecido algo no consultório, ligou o pisca-alerta e fez de conta que iria subir novamente até sua sala. Ao passar na portaria e cumprimentar os dois homens que ainda estavam lá conversando, um deles lhe disse:

— *O motorista daquele carro quase lhe coloca em uma situação difícil, hein, doutor? Sorte a dele que o senhor é um bom motorista e conseguiu sair sem nem encostar no carro dele!*

Nossa, foi quase visível a olho nu a expressão de satisfação de Sócrates ao se certificar de que eles haviam visto a cena tal como aconteceu e que ele não levaria consigo o falso juízo de barbeiragem. No mesmo instante, fingiu que o que havia esquecido estava no seu bolso:

— *Está aqui* – disse ele em voz alta. — *Pensei ter esquecido a chave de casa no meu consultório. Boa noite para vocês.*

Entrou no carro e, aliviado, foi embora. "Tem que parecer ser", pensou ele, e sorriu. Não basta fazer a coisa certa, é preciso que vejam que fizemos...

---

157 Deixo a interpretação a cargo da fantasia do leitor.

SESSÃO: "A VOCAÇÃO"

Algumas pessoas não conseguem se adaptar à análise ou estranham o fato de que nela o passado está sempre presente e que o analista está continuamente buscando na infância, principalmente na relação da criança com seus pais, indícios que possam lançar luz sobre as questões e os dramas de seu paciente. São traumas, pontos de fixação, modelos de relações afetivas, enfim, que são tratados como matéria-prima no processo de elaboração e compreensão das diversas formas de sofrimento e queixas trazidas pelos analisandos.

Mas não poderia ser diferente. Acaso não são os saberes como a Arqueologia, a Antropologia, a História, entre outros, que nos ajudam a compreender aonde chegamos e como chegamos? Não são as pinturas rupestres, os sambaquis, os fósseis, pedaços de papiros, entre outros vestígios do passado que, explicando a forma de vida de um determinado povo ou até mesmo dos humanos em seu estado primitivo, nos dão indícios do caminho que fizemos para chegarmos até o lugar em que estamos? Nesse caso, poderíamos considerar a análise como uma espécie de "arqueologia psíquica do sujeito".

Freud, em sua obra *O mal-estar na civilização*, obra já citada anteriormente, buscando responder a uma questão levantada por "um amigo"[158], ao descrever a noção de "Eu" na psicanálise, assim escreve:

[158] Tal questão não será abordada aqui, pois escapa à nossa discussão.

> [...] que o Eu na verdade se prolonga para dentro, sem fronteira nítida, numa entidade psíquica inconsciente a que denominamos Id, à qual ele serve como espécie de fachada – isto aprendemos somente com a pesquisa psicanalítica, que ainda nos deve informar muita coisa sobre a relação entre o Eu e o Id[159].

O prolongar-se do "Eu" para dentro (passado remoto), adentrando em um território fora do alcance do Consciente (presente), impõe a qualquer garimpeiro do "Eu" a seguir trilhas e vestígios para que, de outra forma, não se percam no caminho ou acabem por se contentar com respostas superficiais a questões complexas. Por outro lado, os vestígios do passado não estão no passado e sim no presente. Isso implica dizer que existe algo do lado de lá no lado de cá. Aquilo que do passado foi preservado está no presente como fonte de informação e revelação. No entanto, é preciso um método, uma técnica própria de interpretação, a fim de se evitar os anacronismos e os erros mais bizarros que o senso comum comete ao tentar explicar o presente com leituras equivocadas do passado.

O "Eu" é, por assim dizer, formado por diversas camadas nas quais as primeiras não se perdem completamente, mas servem de base para as próximas. Ainda na obra citada, Freud faz uma comparação, na qual ele próprio alerta para os disparates que possam comprometer a qualidade da comparação em questão, mas que, de alguma forma, por analogia, nos faz compreender aspectos fundamentais da formação de nossa psique. Tal analogia se refere à cidade de Roma. Vejamos o que ele escreveu:

> Tomemos como exemplo a evolução da Cidade Eterna. Os historiadores ensinam que a mais antiga Roma foi a Roma quadrata, um povoamento rodeado de cerca no monte Palatino. Seguiu-se então a fase do Septimontium, uma federação das colônias sobre os respectivos montes, depois a cidade que foi cercada pelo muro de Sérvio Túlio, e ainda mais tarde, após todas as transformações do tempo da república e dos primeiros césares, a cidade que o imperador Aureliano encerrou com seus muros [...] Não é preciso dizer que esses resíduos todos da antiga Roma se acham dispersos no emaranhado de uma metrópole surgida nos últimos séculos, a partir da Renascença. Seguramente, ainda muita coisa antiga se acha enterrada no solo da cidade ou sob as construções

[159] FREUD, 2016b, p. 9.

> modernas. É assim que para nós se preserva o passado, em sítios históricos como Roma [...] Façamos agora a fantástica suposição de que Roma não seja uma morada humana, mas uma entidade psíquica com um passado igualmente longo e rico, na qual nada que veio a existir chegou a perecer, na qual, juntamente com a última fase de desenvolvimento, todas as anteriores continuam a viver[160].

O próprio Freud reconhece que essa analogia não é fidedigna, pois, enquanto os vestígios de uma antiga cidade podem ainda ser vistos a olho nu na nova cidade que sobre ela foi erguida, o mesmo não acontece com os vestígios e escombros de nosso passado que ainda estão presentes em nossa psique. A trilha seguida pelo analista, vestígios que ele encontra no discurso, ou melhor, nas entrelinhas do discurso do sujeito, só pode ser percebida de forma simbólica, camuflada e disfarçada. O sonho, por exemplo, é uma ótima trilha, pois é totalmente constituído de material simbólico e que, no entanto, mesmo tendo sua fonte de excitação no presente, leva o sonhador a se defrontar com um desejo que há muito foi reprimido.

Iniciei esta sessão fazendo referência ao modus operandi do método psicanalítico, que em sua essência é um trabalho "arqueológico" da mente humana, pois, nas últimas três sessões, que não são narradas neste livro[161], Epifânio estava explorando suas memórias da infância e da adolescência, buscando nelas vestígios que pudessem fazê-lo entender determinados sofrimentos do tempo presente que, no entanto, não encontram seus fundamentos na atualidade. A bem da verdade, buscar o fundamento de alguma coisa é escavar a base na qual tal coisa foi erigida.

Quarto filho, Epifânio é o penúltimo e o único homem entre quatro mulheres. Órfão de pai na adolescência, conheceu o peso de assumir responsabilidades masculinas desde cedo. Suas irmãs o consideravam o filho queridinho da mamãe, mas ele mesmo não se sentia assim. Sua irmã caçula, segundo ele, foi quem mais teve mimos, sejam maternos ou paternos, e isso foi causa de muitas rivalidades entre eles. Contou que certa vez tentou afogá-la no rio, enquanto tomavam banho e sua mãe lavava as roupas. O doutor Sócrates não considerou isso uma coisa grave, pois, além de saber que tudo não passou de encrencas entre irmãos, ele se recordou de que também

[160] *Ibidem*, p. 12-13.

[161] Mas serão evocadas se necessário.

havia aprontado as suas na infância. Quase pode-se ver um sorriso discreto no canto da boca quando ele lembrou que golpeou a cabeça de sua irmã com um facão por ela ter lhe negado um gomo de cana[162]. "Foi uma causa justa", pensou ele quase sorrindo.

Epifânio narrou sua complexa relação com seu pai e o quanto sua mãe havia influenciado na imagem paterna que ele trazia consigo, ao ponto de, em determinado momento, o analista lhe perguntar se aquela fala sobre seu pai era de fato dele ou se ele estaria apenas fazendo eco das falas de sua mãe. Mais adiante, se for o caso, trarei alguns relatos. Mas, por agora, omitindo as sessões nas quais ele narrou sua infância e adolescência, quero me concentrar na presente sessão na qual ele refletiu um pouco acerca das motivações que o levaram ao seminário.

É muito comum, e até mesmo compreensível, que quando um padre renuncia ao seu ministério, sua vocação seja colocada em dúvida.

No seminário, motivações pessoais facilmente podem ser confundidas com vocação, o que não significa dizer que se trata de sujeitos mal-intencionados, apenas sujeitos confusos, que ao longo do processo formativo vão fazendo seu discernimento. De qualquer forma, compete à Igreja confirmar a vocação dos pretendentes ao presbiterado.

Dito isso, não é tarefa fácil julgar quem é ou não vocacionado ao ministério sacerdotal. Daqui podemos então entender o quão difícil é a tarefa dos reitores e formadores.

Nesta sessão, Epifânio reclamou do constante assédio que vem sofrendo por parte de algumas pessoas que insistem em saber o motivo que o levou a renunciar seu ministério. Por conta disso, ele tem estado recluso e solitário.

— *Se eu tivesse condições de recomeçar minha vida longe daqui, seria o ideal* – disse ele. — *Todos querem saber o motivo, a causa exata de minha desistência. O que eles* não compreendem é que nem mesmo eu estou tão ciente assim da causa, para não falar em causas.

— *Os motivos que o levaram a renunciar ao seu ministério, talvez, não estejam tão claros nem mesmo para você. Isso é normal. Mas e quanto aos motivos que o levaram a entrar no seminário? Como você se deu conta de que era um vocacionado?*

[162] Graças à pouca força da criança, o corte foi superficial.

— *Bem, o que posso dizer? Minha história é muito simples, não serviria de matéria-prima para um livro, nem fonte de inspiração para ninguém.*

— *Foi inspiração para você mesmo. O que o inspirou a entrar no seminário?*

— Não tenho *uma história sobrenatural para contar, nenhuma aparição de Cristo, Maria ou outro santo qualquer, nada de sonhos nem vozes do além. Fui um garoto comum, que viveu uma vida comum e, em determinado momento, movido apenas por uma inquietação, um desejo, resolveu procurar a Igreja para falar de seus sentimentos em relação ao sacerdócio.*

— *Então houve uma inquietação. O que o deixou tão inquieto a ponto de buscar no sacerdócio respostas?*

— *Não quero e não vou aqui fazer um relato biográfico de minha trajetória até o momento em que me decidi entrar para o seminário. Pois, como disse, não tenho uma história comovente para contar. O que posso dizer é que nasci em uma família católica, sempre fui inspirado pela fé de minha mãe e introduzido na catequese e no espaço paroquial por minha irmã.*

— *Inspirado pela fé de sua mãe!* - disse o analista como se estivesse pensando alto. — *E quem manifestou por primeiro o desejo de você se tornar um padre, você ou ela?* - perguntou logo em seguida.

Epifânio demorou um tempo para responder a essa pergunta. Era como se ele estivesse buscando em sua memória alguma lembrança ou fato que pudesse desvendar esse impasse. Ele afirmou que a sua fé sofreu influência direta da figura materna, o que é algo muito comum.

Epifânio foi o primeiro padre e, agora, também o primeiro ex-padre[163], a deitar-se no divã do doutor Sócrates. Mas não seria precipitado aferir que a figura materna exerce um papel central na formação do sujeito religioso e, arrisco a dizer, do sujeito que se acredita vocacionado ao sacerdócio. O padre, dessa forma, não apenas seria o filho predileto de Nossa Senhora, mãe de Jesus, mas também o filho predileto de sua própria mãe. O que mais daria gosto a uma mãe religiosa do que ver seu filho sacerdote? "Se nossa mãe fosse viva, você não faria isso", foi o que disse uma de suas irmãs. "Não sei se eu suportaria o olhar de decepção de minha mãe", foi justamente o que disse Epifânio. E agora fico pensando o quanto era importante para Epifânio o "olhar" de orgulho e satisfação de sua mãe vendo-o sacerdote.

[163] Não sei se existe esta expressão. Confesso que ainda estou confuso.

Após um tempo pensativo, Epifânio se recordou de um fato que aconteceu no dia de sua primeira comunhão.

— *Quando eu fiz a primeira eucaristia, lembro que durante a homilia o padre disse o seguinte: "Estamos diante destes jovens, futuro de nossa sociedade. Entre eles, quem sabe, teremos professores, médicos, padeiros, eletricistas e, talvez, também um padre". Quando ele fez referência ao "padre", coincidência ou não, ele olhou para mim. Possivelmente porque uma semana antes, na missa da comunidade, eu participei de uma encenação na qual eu fazia o papel do padre. Nesse dia aconteceu algo inusitado, pois, durante a encenação, quando eu fingia ser ele, para surpresa da comunidade, ele sorriu discretamente. Surpresa porque ele dificilmente sorria. Era um padre muito sisudo e mantinha seus dentes escondidos na boca. Não era um homem de riso fácil.*

— *Você entendeu o olhar dele e a referência que ele fez como um chamado?*

— *Naquele momento, não. Talvez eu fosse muito jovem para compreender dessa forma. Mas o prazer que eu sentia quando minha mãe sorria contando e lembrando da cena do padre sorrindo por causa do papel que eu estava interpretando na encenação, isso sim, marcou-me profundamente.*

— *Você gostava de agradar a sua mãe?*

— *Sim. Acredito que fui um bom filho para ela.*

— *Em uma sessão anterior, você disse que ela sofreu muito com seu pai.*

— *De fato.*

— *Quando ele morreu, você ficou ainda mais próximo de sua mãe?*

— *Sim. Na época eu tinha apenas 13 anos de idade e já trabalhava fora de casa, no supermercado, e tive que assumir algumas responsabilidades, econômicas também.*

Nesse momento, Sócrates lembrou que ele também teve que trabalhar desde cedo. Já aos 10 anos de idade ele vendia geladinho na feira e seu maior prazer era usar o dinheiro para comprar coisas para sua mãe. Nosso analista perdeu sua mãe muito jovem, aos 16 anos.

— *E em que momento você sentiu a "inquietação" que o levou ao seminário? Como você se percebeu vocacionado?*

— *É difícil descrever um momento, uma vez que não foi um momento, mas sim um processo. Eu sempre fui muito religioso e envolvido com a paróquia. Fui coroinha e acompanhava o padre em suas atividades. Acabei tomando gosto por esse universo místico do sacerdócio.*

— E sua mãe, o que achou?

— A princípio ela ficou sentida, pois o seminário ficava em outra cidade. Mas, depois, ela foi aceitando e acabou me apoiando. Eu também sofri muito por ter que deixá-la, principalmente porque ela estava vivendo um momento muito difícil, com o divórcio de minha irmã mais velha.

— Antes de ir para o seminário, você não experimentou um momento de dúvida?

— Sim. Muitos. Inclusive, uma semana antes, eu quis desistir, pois minha mãe tinha adoecido e eu não queria deixá-la naquela situação. Ela estava hospitalizada. No entanto, ela mesma insistiu para que eu não desistisse e que, se eu fosse, isso a faria muito feliz. Se ela tivesse me pedido para ficar, eu teria ficado.

— Mas você foi.

— Sim.

— E o que você sentiu ao deixá-la hospitalizada?

— Culpa. Era como se eu a tivesse abandonando. Mas nós nos comunicávamos continuamente e, em todas as férias, eu ia visitá-la.

Epifânio continuou falando por um bom tempo acerca de sua entrada no seminário. Lá, ele foi muito feliz. Mas não vamos criar um clima de romance e acreditar que tudo foram flores. As alegrias eram interrompidas, ainda que momentaneamente, por dificuldades, angústias e tristezas. Sorrisos foram soltos aos ventos, mas também houve lágrimas silenciosas que rolaram escondidas pela noite.

É difícil para Sócrates compreender esse universo místico da religião com a mentalidade que possui. Mas compreender não é o seu papel. Quem ali deve compreender alguma coisa é o analisando, e não o analista. O chamado é algo muito pessoal e, portanto, subjetivo. Somente o vocacionado pode dizer se de fato o é. Ainda que sua vocação deva ser confirmada pela Igreja; e ainda que seu chamado deva ser testemunhado por suas atitudes, ainda assim, ele permanece pessoal. O chamado quase sempre não se reduz a um momento específico, mas é diluído na história de vida do sujeito. É uma concatenação de acontecimentos que vai fazendo com que a pessoa possa discernir e, enfim, poder dizer: "eis-me aqui, Senhor".

Ser um vocacionado não é o mesmo que ser um condenado ao ministério. Paradoxalmente, o chamado comporta em si a liberdade da resposta, e Deus não quer escravos em sua obra, e sim homens livres. E, assim como a compreensão do chamado se dá dentro de um processo de vida do sujeito, sua resposta também não se resume a um ato ou a um momento. A ordenação é o momento em que a Igreja reconhece e confirma a vocação do sujeito, ao mesmo tempo em que o sujeito manifesta perante a Igreja sua reta intenção em vivenciar sua vocação de forma ministerial, fazendo diante do bispo as devidas promessas.

Manifestar a reta intenção e proferir publicamente as promessas inerentes ao exercício ministerial não é o mesmo que garantir seu cumprimento. A promessa é, em sua essência, o empenho em realizar algo e não a realização de algo em si. E a Igreja, em sua sabedoria divina, conhecendo esta realidade, já prevê em seu código de direito canônico a possibilidade da dispensa de tais promessas, sem, contudo, comprometer a natureza do sacerdócio[164], ou mesmo a salvação daquele que requereu dispensa de seus votos.

A renúncia ao ministério não é o mesmo que renegar o sacerdócio. A impossibilidade de exercê-lo não se confunde com sua anulação. Também não é possível afirmar que a renúncia ao exercício ministerial comporta a condenação de sua alma. Na maioria das vezes, a renúncia é um ato de amor, pois houve um reconhecimento da própria impossibilidade em levar adiante o prometido, sob risco de macular a imagem da instituição, causando assim escândalo e contratestemunho.

Epifânio disse que tem andado recluso por causa do assédio dos que desejam uma resposta satisfatória que possa justificar sua falência. Mas a verdade é que ele também tem se sentido envergonhado e, por isso, tem buscado o isolamento como um mecanismo de defesa. Ele não quer ser visto. Tem se sentido, como no seu sonho, "nu". Sócrates já lhe disse que não é vergonhoso reconhecer a própria incapacidade em manter uma promessa feita. Mas não adianta o que o outro diz, a questão é como ele se sente. Não sou psicanalista, mas, se ele me escutasse, e nunca me escuta, eu lhe diria que mais vergonhoso é insistir em manter uma aparência de fidelidade a uma promessa da qual não se é mais fiel e não se pretende voltar a ser.

164 A renúncia às promessas implica a impossibilidade do exercício sacerdotal, mas não a anulação do sacerdócio.

De fato, Epifânio não quis se esconder por trás de uma suposta fidelidade por incapacidade de reconhecer diante da Igreja e do povo de Deus sua falência. "Fali, reconheço dolorosamente, porém dor maior seria viver na hipocrisia. Conviver com minha fraqueza sou capaz. Conviver com a hipocrisia não sou", disse ele em determinado momento. Nesse ponto, devo dizer que é muito difícil para um neurótico obsessivo conviver na duplicidade. O sentimento de culpa lhe é algo insuportável e seu maior medo é decepcionar as pessoas que depositam sobre ele suas expectativas.

— *As pessoas, disse Epifânio, questionam minha vocação porque confundem o chamado com a resposta.*

— *Então você não duvida de sua vocação?*

— *Apesar de tudo, não. Não duvido. Apesar de estar me sentindo falido e de estar sendo acusado de trair a graça recebida, continuo acreditando em minha vocação. Também atesto o fato de que muitos colegas que deixaram o ministério, e com os quais tive a graça de conviver durante o tempo formativo, são homens vocacionados e marcados pela graça de Cristo, mas que, não vou julgar seus motivos, assim como eu, renunciaram ao sacerdócio. Todavia, permanecem homens de fé, que trazem a marca indelével do sacramento da Ordem e mantêm seu amor à Igreja de Cristo.*

De qualquer modo, acreditar que todo padre que sai do ministério não tem vocação, ou que todo padre que permanece no ministério tem vocação, é uma visão ingênua. Quem sai ou quem fica não o faz simplesmente por ser ou não ser vocacionado. Existem outros tantos motivos e muitos deles não são tão simples de compreender. O ser humano é complexo e suas escolhas possuem motivações incompreensíveis a ele próprio. Diante daquilo que não compreendemos com clareza, a melhor e mais sábia atitude é o silêncio. Não o silêncio dos indiferentes à dor alheia, mas o silêncio acolhedor daquele que não tem pressa em emitir um juízo sobre a atitude do outro.

Existe uma tendência de romantizar a vocação. Discursos poéticos, músicas comoventes e outros meios são utilizados como formas de enaltecer as benesses da vocação. Até mesmo as dificuldades reconhecidas e a ela atribuídas são poetizadas e transformadas em trágica beleza de renúncia e doação. Isso tudo impede de se falar de uma forma mais clara e humana a respeito das dificuldades e das dores do sacerdócio.

Muitos padres sofrem em silêncio por medo da incompreensão. Embora não possua dados estatísticos com fundamentação científica, não exageraria ao afirmar que é preocupante o número de padres que são acometidos por depressão ou que sucumbem ao suicídio. Inclusive, o suicídio entre os sacerdotes ainda é tratado como um tabu.

O discurso que gira em torno do chamado vocacional é romântico e não realista. É um discurso que se assemelha ao discurso dos apaixonados. Não que a vocação não seja uma forma de paixão ou que o padre não seja um apaixonado por Jesus. Digo no sentido de que o que vem sendo enaltecido, principalmente no discurso pós-moderno, negligencia o aspecto da dor e do sacrifício causados pelas renúncias, principalmente no campo afetivo. Aqui, entenda-se afetivo em sua condição erótica e sexual, mas também, sobretudo, no aspecto da vida solitária.

Por mais que o padre seja rodeado de pessoas – e muitos são, inclusive de bajuladores –, a ausência de um núcleo familiar e de uma relação erótica o torna, necessariamente, um solitário. Alguns convivem bem com esse tipo de solidão; outros, nem tanto. Os que não conseguem conviver com esse tipo de renúncia acabam por desenvolver transtornos no campo afetivo, ou simplesmente acabam por abrir mão do sacerdócio, ou ainda vivem na duplicidade.

E quando digo que se tem romantizado o discurso vocacional, não devemos esquecer que a essência do romantismo é a arte da sedução. O discurso vocacional é sedutor. Interpretando textos bíblicos que falam da experiência do chamado dos profetas e, sobretudo, dos apóstolos, criam-se músicas e discursos nos quais cada seminarista acaba por se colocar no lugar daquele personagem bíblico. Nesse ponto, acredita-se que a história se repetirá, ignorando os aspectos individuais de cada sujeito. E, por mais que se foque nas renúncias que esses personagens tenham feito, o que se exalta neles é o que ganharam.

O discurso vocacional é um apelo narcísico? Uma carícia no ego do sujeito? Não tenha dúvidas. Agora, que se trata de uma farsa, isso não é razoável. Talvez seja apenas mal interpretado.

O discurso dirigido ao "suposto vocacionado" tem um grande teor alienatório, ao ponto de transformar as dores e dificuldades do sacerdócio em aspectos igualmente positivos. Usa-se, como disse, das interpretações dos textos bíblicos e das biografias dos santos como discurso motivacional. Além disso, por meio da arte, e sobretudo das músicas, faz-se um apelo emocional e comovente ao ponto de ofuscar a lógica da realidade. Qual vocacionado não se emociona ao ouvir uma música vocacional? Existem centenas de músicas que nos emocionam. O cenário, os instrumentos, os olhares sobre eles e a letra, sobretudo, os fazem entrar quase em uma espécie de transe espiritual. Quem não conhece a música "A barca"? É uma de minhas preferidas.

Esse encantamento é o que dificulta olhar a realidade com mais realismo. Não estou negando o aspecto místico da vocação. Apenas estou dizendo que é preciso olhar para a vocação e para o exercício do sacerdócio com os pés no chão. O vocacionado é um ser humano em plena posse de sua humanidade. Ele traz consigo um desejo de santidade e, ao mesmo tempo, precisa lidar com os apelos e desejos que, se realizados, constituirão ocasião de dor e sofrimento, pois lhe foi ensinado que se trata de empecilhos à vivência do sacerdócio, bem como de atitudes que ofendem a Deus. Existe uma tendência a ignorar o sofrimento dos padres. Se alguém fica sabendo que um padre está em tratamento psiquiátrico, ou fazendo sessões de análise, ou outro tipo de terapia qualquer, automaticamente sua vocação é colocada em dúvida.

Às vezes, a impressão que tenho é que os que acreditam traduzir a vontade de Deus e se colocam como "garotos de recado" agem como profetas de desventuras, apresentando um Deus que se compraz e goza da dor e do sofrimento das pessoas. Essa é uma imagem de um Deus um tanto sádico. Todavia, o sadismo pertence aos "mensageiros da vontade de Deus", que se comprazem da miséria alheia, e não ao agir de Deus.

Isso acontece por uma equivocada interpretação da vontade divina. Mas também não podemos negar o fato de que existem indivíduos perversos, sádicos e narcisistas à frente das comunidades eclesiásticas. Homens que deveriam ser exemplos da misericórdia divina agem como verdadeiros sociopatas. Não apenas não demonstram compaixão pelo outro, como desejam e gozam da dor do outro.

Sei que vocês possivelmente estão pensando que eu deveria ser mais imparcial e me contentar apenas em narrar os fatos sem emitir juízos ou fazer longos comentários. Sei também que vocês podem estar me acusando de passar pano para a atitude de Epifânio. Mas não podemos esquecer que ele está acometido por uma patologia e está buscando tratamento. E tudo o que ele não precisa neste momento são pessoas para acusá-lo ou promover uma inquisição. Ele está tentando encontrar respostas para perguntas que, assim creio, não foram devidamente formuladas. Ou seja, ele se sente perdido e confuso.

Depois de um tempo falando sobre estar convencido da autenticidade de sua vocação, Epifânio foi interrompido pelo analista:

— *Eu gostaria que você falasse um pouco mais sobre aquela inquietação que você diz ter sentido e que o levou a acreditar ser um vocacionado.*

— *O senhor não é um homem religioso, não é mesmo?* – perguntou Epifânio, erguendo levemente sua cabeça para olhar seu analista face a face.

— *Ajudaria se eu fosse?*

— *Ajudaria o senhor a compreender o que estou tentando dizer.*

— *A fé é um requisito para compreender as motivações que o levaram para o seminário?*

— *Facilitaria.*

— *Pressupondo que eu tenha fé, o que você gostaria que eu compreendesse?*

— *Que a inquietação que me levou ao sacerdócio não pode ser descrita, nomeada ou comunicada.*

— *Ok. Então, por que você não me fala um pouco sobre o contexto que você estava vivendo naquele momento?*

— *Acho que já falei de tudo o que tinha para falar.*

— *Como estava sua vida afetiva? Digo, você tinha 17 anos quando entrou para o seminário. Não tinha namorada? Já havia tido alguma experiência sexual?*

— *Claro! A clássica pergunta e a clássica preocupação de todos! Será que ele foi para o seminário por ter sofrido uma frustração amorosa?*

— *E sofreu?*

Psicanalistas e suas perguntas inconvenientes. A essas alturas, Epifânio já estava vermelho como um tomate maduro. Neuróticos são pudicos, e, como se sentem incomodados com o olhar do outro, buscam sempre se certificar de que estão cobertos pelo manto da legalidade e da moralidade. Por outro lado, não é que o neurótico não pense ou não deseje coisas imorais ou até mesmo reprováveis do ponto de vista sexual, uma vez que são invejosos dos perversos, mesmo sendo incapazes de fazer o que o perverso faz na realidade, e ainda assim, os imitam no campo da fantasia.

Não implica dizer que ele não pense ou não deseje fazer coisas que infrinjam a lei e a moral. E se o faz, quando o faz, será no campo da fantasia, pois, de outra forma, será consumido pela culpa. Por isso, a fantasia é essencial para os neuróticos. Psicóticos e perversos não vivem fantasias. Eles agem exatamente como desejam. O neurótico busca simbolizar seus desejos e assim torná-los aceitáveis e imunes à reprovação. Ele consegue exercer um autocontrole, tornando-se um sujeito educado, civilizado e ético. Mas, para tanto, paga um preço. Quanto mais autocontrole exerce sobre seus desejos, mais sofre as consequências das incursões de pensamentos e ideias intrusas em sua mente, bem como a ameaça do retorno do recalcado. Melman assim escreveu:

> Quanto mais tentam ser morais, tanto mais são parasitados por pensamentos obscenos e escondem sempre sua doença. A histérica mostra doenças que não existem; o obsessivo tem um sofrimento verdadeiro que tenta sempre esconder, dissimular. Por quê? Podemos dar logo uma primeira resposta. Porque isso seria mostrar que há uma falha nessa espécie de felicidade perfeita que ele quer mostrar[165].

As ideias que atormentam o obsessivo são, em grande parte, da ordem do sexual. E sendo o obsessivo um sujeito apegado às exigências da moralidade, ele é atormentado pela culpa e pela autorrecriminação. O trauma que está na base da formação da neurose obsessiva é o inevitável encontro do sujeito com o sexo. Aqui o sujeito experimenta um excesso de gozo e, por isso mesmo, se sente culpado. O recalque age sobre a ideia e o afeto fica livre, com a possibilidade de se deslocar para outras ideias inconscientes que poderiam ter acesso à consciência como ideias obsessivas.

Não é à toa que sujeitos religiosos são, ou se apresentam, como tutores e guardiões da moral, sobretudo da moral sexual. A relação entre a religião e o sexo é tensa, pois a primeira busca regular e dominar a forma de se viver a segunda.

Epifânio hesitou um pouco nas palavras, e o doutor Sócrates percebeu o quanto ele estava desconfortável com esse tema e, ao menos por enquanto, se contentou com suas respostas genéricas e vagas. A princípio, parecem perguntas invasivas e indiscretas, e são, porém, dentro do universo

[165] MELMAN, 2007, p. 15.

da psicanálise, nada é mais revelador do sujeito do que seus desejos, e os de ordem sexual ocupam um lugar privilegiado nesse processo revelador. Ninguém pode dizer que conhece uma pessoa se não conhece os desejos dessa pessoa e, com toda certeza, é no campo da sexualidade que esses desejos se manifestam com maior clareza.

O nosso tímido vigário, ou melhor, ex-vigário, revelou ter tido poucas experiências de namoro antes de entrar para o seminário e nenhuma experiência sexual. No seminário, ele chegou a se enamorar de uma jovem, porém acreditou fazer parte da "renúncia" e optou por dar prosseguimento à sua formação. Todavia, ficou um tanto subentendido que sim, ele vivenciou uma certa frustração amorosa meses antes de decidir enveredar na formação sacerdotal. Mas aqui é minha modesta opinião, eu não atribuiria a entrada dele no seminário a essa desilusão afetiva.

Faltavam poucos minutos para o fim da sessão quando o doutor Sócrates voltou a insistir no tema da sexualidade e lhe perguntou de forma direta:

— *Você se considera uma pessoa sexualmente satisfeita?*

Qualquer resposta dada por Epifânio nesse momento seria precipitada.

— Não tenho uma vida sexual ativa.

Como disse, resposta precipitada. Não foi isso que o analista lhe perguntou. A questão é muito mais complexa. Ser sexualmente satisfeito, dentro de uma compreensão psicanalítica, não é algo possível, uma vez que corresponderia a um prazer não admitido nem possível, haja vista que o desejo é inconsciente e a realização de tal desejo, que geraria um prazer de completude, seria correspondente a um ato "incestuoso". Um homem e uma mulher, ou dois parceiros sexuais, podem sentir-se sexualmente satisfeitos um com o outro, mas isso não significa que tal satisfação seja equivalente à satisfação do desejo inconsciente que, pela sua natureza, se manifesta não apenas no apetite sexual realizado, mas como um apetite que se espalha nas várias esferas da existência.

Uma pessoa pode sentir-se sexualmente insatisfeita consigo mesma. A questão não estaria no outro, mas em uma relação fantasiosa entre o "Eu possível de ser" (o que se é na realidade) e o "Eu ideal" (como esse Eu se projeta na esfera do desejo). Isso envolve mais do que a possibilidade de satisfação com o corpo alheio, pois o que está em jogo é a satisfação consigo mesmo e com o próprio corpo. Não nos esqueçamos de que a primeira fonte de prazer erótico não é o corpo do outro, mas o próprio corpo, já que é nele que a criança encontra as primeiras formas de satisfação que chamamos de autoerotismo.

O analista fez uma última tentativa:

— *Mas você possui devaneios sexuais. Qual posição no sexo lhe aguça mais o desejo?*[166]

Epifânio ficou um tanto surpreso com tal pergunta e titubeou em responder. Então, diante do seu constrangimento em falar abertamente sobre esse tema[167] e frente aos seus mecanismos de resistência, o doutor Sócrates optou por encerrar a sessão, uma vez que já estava extrapolando o tempo. No entanto, mais adiante, esse tema terá que ser afrontado.

Assim que Epifânio se retirou do consultório, Sócrates recebeu uma mensagem no celular:

— *Tá* confirmado?

— *Sim, claro, passo por aí* às *20h30.* - Foi o que ele respondeu e logo se apressou em ir para casa.

---

[166] A esta pergunta Epifânio não respondeu. Ainda não se sentia confortável para falar do tema. Porém, em sessões posteriores, quando conseguiu falar abertamente sobre isso, percebeu o quanto suas fantasias sexuais lhe revelam e, em lugar privilegiado dentro desse universo, estão as posições que mais aguçam seu desejo. Por meio delas, e de uma em especial, ele pode compreender muitas coisas a respeito de sua personalidade, seus medos, angústias e suas inseguranças. Por meio dela, pode perceber a influência exercida pela personalidade autoritária de seu pai no processo de sua subjetivação, bem como a influência da personalidade materna. Também pode perceber com maior clareza a ideia do masculino e do feminino que traz consigo. A noção de autoridade e de poder. Manifestações de agressividade e capacidade de autocontrole. Entre tantas outras coisas que ele poderia numerar.

[167] Coisa que em sessões futuras será superado, até mesmo por causa da própria natureza do espaço analítico, no qual o analisando acaba se encontrando com seus espelhos e, assim sendo, aos poucos seus desejos vão se desnudando, uma vez que, o analista assumindo seu espaço de "objeto" e não de "sujeito" não oferece ao analisando barreira moral e, livre de qualquer juízo de valor, o analisando poderá falar sem os medos que lhes são comuns.

SESSÃO: "SONHOS QUE SE REPETEM"

Uma coisa muito comum quando um sujeito está submetido a sessões de psicanálise é sonhar com temas que estão sendo analisados ou que, de alguma forma, estão latentes no discurso dele, o que outra coisa não faz se não revelar seu desejo. Com Epifânio não está sendo diferente.

Epifânio já está, se não erro os cálculos, iniciando seu quinto mês em análise. Isso significa também dizer que já se passaram quase quatro meses de sua última missa. Segundo o doutor Sócrates, ele vem fazendo progresso. Vez ou outra, o doutor Oliveira pergunta ao seu amigo analista como está seu paciente e ele apenas responde: "Progredindo". O fato é que Epifânio tem se mantido fiel e não tem faltado às sessões.

No entanto, ele ainda não conseguiu superar a temática do abandono de seu ministério e praticamente está sempre voltando a questões ligadas à sua vida pregressa. Normal. Nas sessões anteriores, ele estava se dedicando a falar sobre sua nova experiência de trabalho como docente em uma escola particular e de como essa nova fase de sua vida tem se revelado promissora. Mas hoje ele resolveu interromper essa linha de raciocínio para falar sobre uma série de sonhos que vem tendo e que lhe têm causado angústia.

Já acomodado no divã, ele começou a narrá-los:

— Parecia ser um dia festivo, pois estavam todos vestidos com suas vestes talares, saindo da capela em direção ao refeitório. Muitos rostos conhecidos e outros tantos que nunca vi formavam uma multidão eufórica. Eu os via, mas não tenho certeza de que eu era visto. Era como se eu não fizesse parte daquela multidão nem comungasse de sua euforia. De repente, dei-me conta de que eu não estava vestido adequadamente; na verdade, estava quase nu, portando apenas um short de seda, um dos que uso para dormir. A sensação era que eu tinha acabado de acordar, ao mesmo tempo que me sentia um intruso que tinha apenas chegado àquele lugar. Às vezes me vinha a clara consciência de que eu não morava mais ali, pois dizia a mim mesmo: "Nossa, nada mudou por aqui! Lembro-me deste lugar, desta sala, desta paisagem!". Depois, já não via mais ninguém; fui transportado para os longos corredores que davam acesso aos quartos e me sentia perdido, procurando um quarto que tivesse meu nome, mas não conseguia encontrá-lo. Também sentia um misto de medo e vergonha por estar seminu e me escondia quando escutava alguém se aproximando. De repente, já não estava mais andando, e sim voando pelos corredores. Como em um passar de cenas, vi-me no refeitório em meio a todos, procurando um lugar vazio para que eu pudesse me sentar. Mas parecia estar lotado. Então me encaminhei para uma das portas e todas davam para o jardim. Saí dali voando. Voei muito alto e tive medo de cair. Tentava voar um pouco mais baixo e batia nas árvores. Acordei logo em seguida.

— E quanto aos outros sonhos?

— Vejo-me em uma Igreja em meio a uma celebração com a presença de vários padres e alguém me pergunta se eu também não vou concelebrar, ao que respondo que não, pois estou sem os paramentos, então percebo que estou nu ou seminu. Em outros sonhos, estou também em uma igreja, a missa está para começar e alguém me diz que o padre faltou e que eu deveria celebrar. Novamente respondo que não posso celebrar, pois estou sem os meus paramentos. E em alguns deles eu saio voando.

Em uma oportunidade passada, já falei um pouco a respeito do sonho sob o prisma psicanalítico e sua importância na análise. Não irei repetir o que já foi dito, mas gostaria de recordar o quanto é complexa a interpretação de um sonho, uma vez que não existe um manual nem um dicionário que nos possa orientar, apenas a fala e as conexões que o próprio analisando vai fazendo com a ajuda de seu analista.

Não podemos nos esquecer de que a interpretação dos sonhos, seguindo a linha freudiana, é pessoal e não possui natureza coletiva. Assim, nos lembra Garcia-Roza que "decifrar o sentido do sonho é individual e pertence ao sonhador"[168]. Ainda segundo o autor, e isso é importante dizer, "O sentido de um sonho nunca se esgota em uma única interpretação, e isso porque todo sonho é sobredeterminado; isto é, um mesmo elemento do sonho manifesto pode nos remeter a séries de pensamentos latentes inteiramente diferentes"[169]. E aqui, é claro, ele está parafraseando o próprio Freud que em sua obra *Sobre os sonhos*, publicada em 1901, afirmou o seguinte:

> [...] cada elemento do conteúdo do sonho é sobredeterminado pelo material dos pensamentos oníricos, derivando não de um só elemento desses pensamentos, mas de toda uma série deles, que não precisam absolutamente estar próximos um do outro nos pensamentos oníricos, podendo pertencer às mais diferentes áreas da trama dos pensamentos[170].

Dito isso, acredito que já está mais do que evidente que toda a interpretação é passível de, em algum momento, ser revista e repensada. Após Epifânio tê-los narrado, o doutor Sócrates pediu que ele falasse de suas impressões.

— *Certo. Eles são muito parecidos. Então vamos por partes. Fale-me um pouco sobre sua percepção acerca do primeiro sonho* – disse o analista.

— *A experiência do seminário, para mim, foi muito marcante. Foi um tempo muito gostoso. Uma época feliz. Não sei, acho que tenho me sentido culpado ou ingrato, ou talvez por ter traído a confiança que a Santa Mãe Igreja depositou em mim. Acho que meu inconsciente está me dizendo que não pertenço mais àquele mundo.*

— *No sonho, você procura um quarto que tenha seu nome. Existia de fato seu nome na porta do quarto?*

— *Sim.*

— *O que você acha de estar procurando um quarto com seu nome em um lugar que, segundo você relatou do sonho, ninguém o via e no qual você estava seminu?*

---

[168] GARCIA-ROZA, 2020, p. 76.

[169] *Ibidem*, p. 69.

[170] FREUD, S. Sobre os Sonhos (1901). *In*: FREUD, S. **Obras completas (1901)**. Tradução de Paulo César de Souza. São Paulo: Companhia das Letras, 2021a. v. 5. p. 404.

— Um refúgio, talvez.

— Por que você precisa de um refúgio?

— Por vergonha.

— De quê?

— De mim. Talvez por estar nu.

— Você costumava ficar nu dentro de seu quarto?

— Não. Era um lugar de privacidade, mas, ao mesmo tempo, era um espaço no qual os formadores também exerciam um controle.

— O controle no tocante à sexualidade era rigoroso?

— Sim. Era um controle quase que paranoico.

— Existiam casos de homossexualidade no seminário?

— Vez ou outra especulações surgiam.

— Você teve alguma experiência desse tipo?

— Não.

— E quanto aos outros espaços? Você falou principalmente do refeitório e do jardim. O que eles representavam para você?

— Dois lugares de convivência. As refeições eram também momentos de convivência. Eu costumava sentar-me sempre no mesmo lugar e quase sempre com as mesmas pessoas. Eram boas conversas. E o jardim era um lugar perfeito para fazer uma caminhada ou rezar o terço.

— Você diria que o refeitório e o jardim representam, para você, lugares de boas relações de amizade e afeto?

— Sim.

— No seu sonho, no entanto, você está solitário. Aliás, ninguém o nota. Estão felizes saindo da capela em direção ao refeitório. Se o refeitório lhe traz uma lembrança de afeto, qual lembrança você associa à capela?

— Oração.

— Poderia dizer que a capela é o lugar por excelência do sacerdote?

— De certa forma, sim.

— Você não é mais sacerdote.

— Não.

— Eles saíam da capela com vestes talares. E você, do lado de fora, quase nu.

— Eu não era mais um deles. Não tinha mais lugar entre eles. No refeitório não havia um lugar para mim. Eu era um intruso.

— Antes de buscar um lugar no refeitório, você procurou um quarto com seu nome. Você se ressente pela perda de algum afeto em particular? Ou seja, ao deixar o ministério, você perdeu algum afeto que cultivou durante os anos de seminário?

— Meus amigos mais próximos se afastaram de mim.

— Certo. Mas alguma perda em particular?

— Ressinto-me do afastamento de alguns colegas dos quais nutria um afeto fraternal muito forte.

— Você disse que no refeitório se sentava sempre no mesmo lugar e na companhia das mesmas pessoas. Mas no seu sonho todos os lugares já estão ocupados. O que você acha disso?

— Com minha saída do ministério, acabei por me afastar de muitos amigos queridos.

— Eles se afastaram ou você foi quem se afastou?

Nesse momento, Epifânio silenciou e não respondeu. Ele já estava ficando meio monossilábico e o doutor Sócrates, por sua vez, estava interferindo até demais. Epifânio, como já comentei antes, ficou meio recluso depois de ter deixado o ministério e isso o fez, acredito eu, como um mecanismo de defesa. Mas, verdade seja dita, seu endereço não era desconhecido nem o número de seu telefone foi mudado. E mesmo assim, semanas se passaram e se tornaram meses sem que ele tenha recebido ligação de um "irmão" do clero. Foi ele quem saiu, é verdade, mas a indiferença com que estava sendo tratado pelos seus colegas de sacerdócio e, porque não dizer, pela própria instituição "Igreja" parece, de fato, uma espécie de punição.

Longe de mim querer interpretar o sonho de Epifânio, até porque a coisa não funciona exatamente dessa forma, mas, ao que parece, o sonho tem revelado sentimentos paradoxais. Se, de um lado, ele está se sentindo culpado (nu), e isso está simbolizado em seu sentimento de vergonha por estar sem as vestes talares, do outro, ele está se sentindo rejeitado e, ousaria dizer, abandonado pelos seus ditos "irmãos", bem como, por aquela a quem ele tem se referido como "Santa Mãe Igreja". Não ser notado pela multidão eufórica que saía da capela e não encontrar mais um quarto com seu nome nem mesmo um lugar no refeitório, símbolos de amizade, é se ver sem amigos, sozinho e abandonado.

Sócrates respeitou o silêncio de Epifânio como se respeita quem está vivendo um luto. Mas não se pode viver o luto para sempre. Então, passados alguns minutos, Sócrates lhe perguntou:

— *Como seus amigos do clero reagiram à sua saída?*

— *Com silêncio e indiferença* – respondeu com a voz meio embargada. Respirou profundamente e continuou: — *Confesso que esperei uma ligação, uma visita ou algo parecido. Talvez eles esperassem isso de mim. Talvez eu devesse tê-los procurado. Mas não é fácil. Não é fácil encarar, nem mesmo os amigos, no dia seguinte. Senti-me fragilizado, humilhado por minha falência como padre. Quis procurá-los e meu erro foi ter esperado por eles. Nunca mudei meu número de telefone. Fui simplesmente esquecido ou talvez tenha virado tema de conversas entre eles.*

Nesse momento, ele silenciou mais uma vez. E uma lembrança lhe veio à mente, mas ele não quis compartilhá-la com o analista. Mas eu, por força do ofício, não posso omitir informações como essa, e não o faço com alegria nem tenho a intenção de depreciar a ninguém, porém a lembrança se trata de um fato que o próprio Epifânio classificou como deprimente. Pouco tempo antes de Epifânio deixar o ministério, um irmão o havia feito. Então, ele presenciou, durante um retiro do clero, um grupo de padres que, preocupados com o irmão, estava fazendo uma pequena campanha para ajudá-lo. Foi aí que Epifânio presenciou também um outro grupo desdenhando tal atitude e, o que ainda é mais triste, desejando a ruína do "irmão caído"[171].

— *Que tipo de apoio você esperava receber?* – perguntou o analista.

— *Sobretudo emocional.*

— *E por que você acha que eles lhe ignoraram? O que o silêncio deles significou para você?*

— *Talvez tenha revelado o quanto falhei com eles.*

— *Você está se sentindo ignorado e abandonado?*

— *Sim.*

[171] *Saiu, agora tem que se "arrombar" mesmo*, foi exatamente o que Epifânio escutou naquele dia, entre outras frases que o pudor me impede de escrever aqui.

— O elemento da nudez é constante em seus sonhos. Em todos os que você narrou hoje e em outros que você narrou em sessões anteriores. O que você acha disso?

Na verdade, e Garcia-Roza nos lembra muito bem, a nudez é um campo de manifestação simbólica privilegiada, quando evoca o próprio Freud:

> Freud chama atenção para o fato de que, apesar de os símbolos empregados nos sonhos serem muito numerosos, os campos aos quais se confere uma representação simbólica são relativamente reduzidos. O corpo humano, os pais, os filhos, o nascimento e a morte, a nudez e a sexualidade, são campos privilegiados pelo simbolismo onírico[172].

— Como já disse antes, pode revelar meu sentimento de ter me tornado indigno. Quando me perguntam se eu também não irei celebrar ou quando dizem que devo celebrar, eu sempre respondo que estou sem meus paramentos. Ou seja, não estou mais autorizado pela Igreja a realizar celebrações. As roupas sacerdotais servem para identificar o sacerdote e sua função litúrgica. A roupa é um símbolo de dignidade. Estar sem elas pode significar não ser mais digno de estar naquele lugar.

— E por isso você sai voando.

— Exato.

Acredito já ter dito em outra ocasião que sair voando pode significar sentimento de vingança, ou melhor, ressentimento causado por um sentimento de baixa autoestima. É como se Epifânio estivesse dizendo: "Vocês me consideram indigno e inferior, mas possuo superpoderes, pois consigo voar".

Por outro lado, não podemos ignorar o fato de que a nudez é sinal de rebelião ao processo civilizatório e repressor. A roupa é um dos primeiros instrumentos usados pelo outro como imposição do seu desejo sobre nós. Tirar as roupas é, ou pode ser, um grito de liberdade diante de um sistema opressor.

Uma outra coisa que temos que ter em mente é que a repressão age, sobretudo, no campo da sexualidade. A formação religiosa é, como também a sociedade que possui valores religiosos de base, extremamente repressora com a sexualidade, ao ponto de criar formas de condutas sexuais para seus membros. Ver-se nu diante dos que ainda estão paramentados ou ver-se

172 GARCIA-ROZA, 2020, p. 76.

sem roupas dentro de uma Igreja pode refletir um desejo de libertar-se da repressão que a instituição representa no campo da sexualidade. Por essa razão, o doutor Sócrates havia perguntado para Epifânio se ele era uma pessoa sexualmente realizada. E isso não significa dizer vida sexual ativa.

Não é de se ignorar, também, que o corpo é nossa maior fonte de prazer e que o corpo do outro é a nossa meta de prazer. Ficar sem roupas é uma forma de chamar a atenção do outro, de ser visto, de não passar despercebido.

O drama do neurótico é conviver com a culpa do desejo de rebelar-se contra o opressor. Ele tira suas roupas, sinal de rebelião, mas, sentindo-se culpado, sai voando, como um mecanismo de defesa diante dos que lhe acusam, e assim, ao invés de sentir-se inferior, se apresenta como superior. Mas ao neurótico, tudo isso só é possível viver na fantasia. Epifânio deu o primeiro passo ao despir-se de seus paramentos; agora, ele precisa se livrar do sentimento de culpa e vergonha que recai sobre os ditos "rebeldes". E ele não está lidando com qualquer opressor; está lidando com "O opressor": Deus-Pai. Não que Ele seja, mas que assim O é apresentado. Não por nada o padre é considerado "Filho predileto" de Nossa Senhora, uma vez que ela é o símbolo eloquente de uma obediência incondicional a Deus, bem como, e já falei isso anteriormente, ela é a que educa seus "filhos" à obediência. Daqui entendemos por que Epifânio tem se declarado um "degredado filho de Eva".

O não admitir que um padre possa deixar o ministério e permanecer na graça é o ressentimento daqueles que se consideram fiéis, mas de nada sabem da misericórdia do Deus que acreditam servir. Muitos se regozijam com o sofrimento dos que deixam o ministério porque, de alguma forma, se sentem recompensados. Fazem da dor do outro uma ocasião de "orgulho de si" e se sentem injustiçados quando não veem que o outro caiu em desgraça. É como se eles necessitassem ver a quem deixou o ministério na miséria para se sentirem motivados a permanecerem a todo custo, inclusive ao custo da não autenticidade.

Os ressentidos acreditam ser dignos de uma premiação por terem feito a coisa certa (segundo seus próprios conceitos) e cobram uma punição para aqueles a quem eles julgam ter quebrado alguma regra. O ressentimento leva o ressentido a uma atitude infantil. É a criança que se zanga quando o irmãozinho faz uma malcriação e a mãe, ao invés de puni-lo, prefere orientá-lo.

Nos evangelhos, Jesus trava uma batalha contra o ressentimento dos fariseus e coloca seus discípulos sob alerta para não assumirem uma postura semelhante. Recordemos a parábola do "Filho pródigo"[173], ou como prefiro chamar, "do Pai misericordioso": quando o filho mais jovem retorna, o mais velho se ressente com a acolhida do pai e se nega a participar da festa, pois, segundo ele, ao invés de uma festa, o pai deveria estar lhe aplicando uma severa punição ou, melhor ainda, expulsá-lo a pontapés. O filho mais velho se recusou a fazer parte da acolhida ao regresso, mas participaria com muito prazer de um evento punitivo. Seu prazer e sua premiação pelo seu "mérito" de ter cumprido todas as leis de seu pai seria ver a punição àquele que descumpriu tais leis. O prazer do ressentido não está em fazer a "coisa certa", mas sim, em ver punidos os que, segundo eles, estão fora da "lei".

Tentem imaginar o ressentimento das pessoas quando Jesus escolheu se hospedar na casa de Zaqueu[174], "pecador público", ao invés de se hospedar na casa de um "homem de bem". Eles custavam a compreender a dinâmica da "misericórdia" porque estavam obcecados com seus parâmetros de "justiça" (a do olho por olho, dente por dente). Pensemos ainda à parábola do vinhateiro[175]. Saiu pela manhã e combinou uma moeda de prata pela diária de serviço, mas deu o mesmo pagamento a quem chegou ao meio-dia e ao final da tarde. Os que chegaram pela manhã ficaram ressentidos porque acreditavam ser merecedores de um valor maior. Mas o vinhateiro lhes disse: "Estás com ciúme porque sou bom?". Quem se considera justo ou melhor do que outros também são pessoas ciumentas e rancorosas, ao ponto de desejar ao que caiu que ele seja pisoteado.

Poderia prosseguir citando ainda dezenas de exemplos contidos nos evangelhos, bem como nos demais textos sagrados, mas acredito que não seja necessário. Exemplos de pessoas ressentidas temos aos milhares em nossas comunidades paroquiais e dentro do próprio clero. Pessoas que julgam quem pode ou quem não pode entrar na fila da comunhão, receber bênçãos ou simplesmente estar presente nas celebrações. Pessoas que, se estivessem diante da cruz, quando Jesus prometeu àquele ladrão que lhe estava acanto

---

[173] *Cf.* **Lc. 15, 11-32**. BÍBLIA [...], 2006, p. 1817.

[174] *Cf.* **Lc.19,1-10**. *Ibidem*, p. 1822.

[175] *Cf.* **Mt. 20, 1-16**. *Ibidem*, p. 1739.

o paraíso, ficariam ressentidas ao ponto de considerarem os tormentos do Cristo como bem empregados: castigado por ser injusto.

Epifânio silenciou como se não tivesse nada mais a dizer, ou melhor, como se se recusasse a escutar a si mesmo e suas, como ele mesmo disse, "lamentações". Mas o doutor Sócrates quis fazer uma última provocação:

— *Por que ainda o incomoda tanto ter sido tratado com indiferença por aquela a quem você chamava de mãe e por aqueles a quem você chamava de irmãos?*

Epifânio hesitou em responder. *Já* estava meio inquieto, não encontrava mais uma posição de relaxamento no divã e se mexia o tempo todo.

— *Por hoje podemos encerrar?* – perguntou Epifânio.

— *Ainda temos um tempo, mas o tempo é* seu – respondeu o analista. E, depois disso, silenciou.

Epifânio ficou deitado ainda por meio minuto, mais ou menos, depois levantou-se e, tendo agradecido, como é de seu costume, foi acompanhado até a porta pelo seu analista.

SUPERVISÃO

Neste momento, peço licença ao leitor para abrir um parêntese na narração das sessões feitas por Epifânio para narrar um dos encontros de supervisão entre Sócrates e seu supervisor, o professor Nogueira[176]. Deste, não poderei trazer mais informações a respeito, pois, para falar a verdade, o conheço muito pouco. Sei apenas que foi professor de Filosofia de Sócrates na faculdade e o introduziu em um grupo de estudos sobre Filosofia e Psicanálise. Sei também que ele atuava como psicanalista e exerceu grande influência na decisão de Sócrates em ingressar na formação psicanalítica, o que lhe permitiu atuar na clínica. Desde então, Sócrates o tem como uma espécie de mentor e é com ele que Sócrates faz sua supervisão, não mais mensalmente, como era no início, mas periodicamente ou sempre que surgir alguma necessidade.

Sócrates o havia procurado no mês passado, a princípio, buscando conselhos, como amigo, sobre uma questão pessoal. Não é com ele que Sócrates mantém suas sessões de análise pessoal, por isso mesmo, além da supervisão, ele o procura quando precisa de conselhos. Sócrates o vê como uma figura paterna, mas nem por isso a relação entre eles é imune aos conflitos. Às vezes eles divergem no tocante à prática e à teoria psicanalítica.

No último encontro deles, Sócrates revelou que estava saindo com uma pessoa, Helena, que ele reencontrou depois de muitos anos, por acaso, em uma reunião de pais e mestres na escola de sua filha, Sofia. Nesse dia, sua ex-esposa não pôde participar da reunião, então coube a ele se fazer presente. Ela é professora de História e está trabalhando na escola na qual a sua filha estuda. Eles foram contemporâneos na faculdade e chegaram a ter

[176] Se não estou enganado seu primeiro nome é Natalino, mas todos o conhecem apenas por professor Nogueira.

disciplinas em comum, tornando-se amigos. Depois de todos esses anos, se reencontraram e resolveram colocar as novidades em dia. Ambos divorciados, conversa vai, conversa vem, trocas de mensagens quase que diárias, com a desculpa de falar sobre Sofia e seu rendimento escolar, quando se deram conta de que estavam envolvidos afetivamente.

Hoje, Sócrates volta, desta vez solicitando supervisão para falar sobretudo de Epifânio. Não irei relatar tudo o que eles conversaram, apenas algumas falas e informações que julgo pertinentes.

[...]

— *Então tudo está se encaminhando para uma relação séria?*

— *Sim, ao que parece.*

— *Sua ex já sabe? Você já contou para ela?*

— *Sim, claro. Apesar de tudo, estamos tentando manter uma relação civilizada, pelo bem de nossa filha.*

— *E Sofia? Como reagiu a essa situação?*

— *Melhor do que eu imaginei. Ontem, pela primeira vez, saímos nós três. De início, ficou um clima meio tenso, mas depois o entrosamento foi acontecendo naturalmente. Afinal de contas, elas já se conheciam.*

— *E a sua paciente? Já desencantou?*

— *Depois que eu a transferi para um outro profissional, ela foi se distanciando.*

— *Ótimo.*

— *Mas o que tem me incomodado mesmo é a situação do Epifânio. Ele ainda parece preso em um ciclo de fantasias que ele mesmo criou.*

— *Ele continua se culpando por ser um desertor?*

— *Sim. E a Igreja se encarrega de alimentar esse sentimento. Nietzsche estava certo, são doentes adoecendo outros.*

Não é apenas *O Senhor dos Anéis*, obra maravilhosa de Tolkien, que Sócrates anda lendo ultimamente. Tenho visto livros de Nietzsche na mesa de seu consultório e, ao que tudo indica, ele tem lido esses livros em seu tempo ocioso. O Anticristo é um desses, só para citar um exemplo. E quando ele diz que a Igreja é formada por pessoas doentes que adoecem a outros, não tenho dúvidas de que ele esteja se referindo a uma passagem dessa obra que diz: "O Cristianismo considera a doença necessária [...]. O verdadeiro propósito ulterior de todo o sistema de salvação da igreja é tornar pessoas doentes"[177]. E mais adiante ainda se lê: "Nem todo mundo pode ser cristão: não se 'converte' ao Cristianismo. É preciso primeiro estar doente o suficiente para isso [...]"[178].

— *Estou vendo que ao tratar o sacerdote você está reabrindo antigas feridas* – disse o velho analista.

— *O senhor irá negar que a Igreja manipula as consciências das pessoas com essa história de pecado, culpa e perdão?*

Segundo Sócrates, a Igreja tem manipulado esse sentimento primitivo da psique humana a seu favor. Ela, disse ele em várias ocasiões, inseriu a culpa como elemento principal do mito do "pecado original", atribuindo a morte como consequência desse pecado e fazendo recair sobre toda a raça humana a "culpa da desobediência que leva à morte". "Porque o salário do pecado é a morte [...][179]", está escrito na carta aos Romanos, atribuída à autoria de Paulo. Nesta mesma carta, no capítulo anterior, o autor faz uma comparação entre o primeiro homem, Adão, pelo qual o pecado entrou no mundo por causa da desobediência, e subentende-se que, pela obediência de um homem, Cristo Jesus, veio a salvação e a vida.

— *Não estou negando que a Igreja manipule as consciências dos seus fiéis com seus dogmas acerca da culpa e do perdão* – disse o professor Nogueira.

— *Ah, sim! Já ia perguntar onde estava meu bom e velho professor de Filosofia e de Psicanálise, aquele que despertou em mim a inquietação e o desejo de desnudar aquilo que a ignorância havia coberto com seu véu.*

— *O excesso de culpa nos adoece, é verdade, mas lembre-se de que, graças a ela, pessoas não se tornam monstros. Não é a culpa que freia nossos desejos mais obscuros? Sem ela, o que seríamos, se não bestas selvagens?*

— *E ainda assim, ela é um mecanismo de controle e de adoecimento* – retrucou Sócrates, que nunca perdeu seu jeito rebelde de ser.

— *De autocontrole, deveria ser. E o que nos adoece é o excesso de culpa provocada pelos excessos de nossos desejos subterrâneos. Retiremos o Superego e veremos o Ego do sujeito sucumbir aos delírios e atrocidades do Id* – disse o

[177] NIETZSCHE, F. **O Anticristo**. Barueri: Camelot Editora, 2023. p. 58.

[178] *Ibidem*, p. 59.

[179] **Rm 6, 23**. BÍBLIA [...], 2006, p. 1976.

professor Nogueira, desta vez olhando pela janela, como se estivesse conversando consigo mesmo.

E ele tem razão. O sujeito sem censura não é um sujeito, mas apenas uma pessoa que não se constituiu, que está fora da realidade, sem um nome e sem um ideal. Por outro lado, Sócrates também está certo quando afirma que o Superego de um homem religioso é um tirano cruel. Claro, pois ele tem seu fundamento na ideia de um Deus onipotente, onipresente e onisciente. Um Deus que tudo pode, tudo sabe e tudo vê. Nada de privacidade para o homem, ele está sendo vigiado dia e noite. Na verdade, eu deveria usar o termo "controlado", ao invés de apenas "vigiado". Sim, um vigia controlador.

Não quero discordar de Sócrates, mas também não creio que Deus seja tão cruel assim. Sócrates diz que Deus é um sádico e um narcisista, pois criou o homem à sua própria imagem para amar: "amar a sua própria imagem". Sádico porque se compraz do sacrifício e do sofrimento humano, ao ponto de cobrar com a morte do próprio filho, uma ofensa recebida. Não. Eu não penso assim. Creio inclusive que, se Deus existe e, se de fato Ele criou o ser humano, então ninguém mais do que Ele conhece o coração do homem e seus desejos. Sei que os artistas afirmam que Deus também é um artista; o mesmo dizem os músicos e os poetas. Mas, na verdade, Deus é um psicanalista! Sim, pois Ele é o conhecedor mais profundo da intimidade humana[180]. Sócrates discorda. Ele sempre disse que é o diabo o analista por excelência[181].

Depois de ter feito seu comentário ao léu, o professor Nogueira voltou-se para Sócrates e disse:

— O que a Igreja faz, nesse momento, pouco me importa; preocupo-me é com você e o quanto atender este padre, ou ex-padre que seja, está lhe afetando.

— Não estou sendo afetado. Só estou fazendo uma observação lógica.

— Então, qual é o motivo de tanta irritabilidade?

— Não estou irritado, mas vou ficar; aliás, às vezes me esqueço do quanto o senhor tem esse poder de me irritar.

— Tem falado disso com seu analista?

— Sobre Epifânio?

---

180 Como tão bem escreveu Santo Agostinho: "Tu, íntimo do meu íntimo, vértice do meu vértice" (Agostinho, 2003. p. 243).

181 Ele tem dito isso em tom de brincadeira, fazendo referência à série *Lúcifer* (2016).

— Não. Do quanto eu lhe irrito.

Nesse momento, o professor Nogueira deu uma boa risada. Depois completou:

— Lembre-se de que nenhum filho cresce à sombra do pai. É preciso matar o pai e tomar seu lugar. Totem e Tabu, se recorda? Mas também não se esqueça de que daí nasce a culpa.

— Tenho grande apreço pelo senhor, mas o senhor não é meu pai; não pretendo *matá-lo nem quero assumir seu lugar* – disse Sócrates com uma certa pitada de cinismo, tentando desconstruir o argumento do seu supervisor.

— Certo. Mas então, o que você tem feito para ajudar seu analisando a se libertar desse sentimento de culpa?

— Ele tem insistido em tentar entender as motivações que o levaram a desistir de seu sacerdócio e eu, ao contrário, tentei fazê-lo refletir a respeito das motivações pelas quais ele ingressou na formação sacerdotal.

— Mas o que você pretendia com isso?

— Acredito que seja necessário desmistificar a vocação. Acreditar que você nasce marcado com um propósito compromete você e, se acaso, por motivos diversos, não corresponder ao que supostamente você nasceu para fazer, faz você se sentir um fracassado, além de dar o direito a outros de o julgarem e, o que é ainda pior, o condenarem. Se quisermos libertar alguém da culpa, primeiro devemos libertá-lo da tirania do desejo do outro sobre ele.

— Então essa é a sua estratégia? Fazer um religioso desacreditar que Deus traçou para ele um destino? Não creio que isso vá funcionar. Para dar certo, é preciso pressupor que ele renuncie à sua fé ou, no mínimo, altere a percepção de uma crença que ele cultivou durante toda uma vida. Pessoas comuns precisam acreditar que existe uma força maior, ou alguém que lhes seja superior, para que se sintam protegidos e amados.

— Não. Não quero que ele renuncie à sua fé. Mas que, talvez, chegue à conclusão de que os motivos que o levaram ao seminário não eram motivos que poderiam ser ditos vocacionais.

— Isso é muito complexo e perigoso. Não sei o que é pior: acreditar que alguém lhe deu uma missão e você fracassou, ou que você fez uma escolha equivocada. O que ele tem afirmado?

— *Ele insiste em acreditar na veracidade de sua vocação. Prefere assumir sua fraqueza a reconhecer que fez um discernimento equivocado.*

— *De um jeito ou de outro, ele está assumindo a culpa. Talvez a questão não seja sentir-se culpado, mas sim a ausência do perdão por parte daquele a quem ele acredita ter ofendido.*

— *Sua mãe, suas irmãs, seus paroquianos, o bispo, seus amigos, a Igreja, Deus, enfim. Em uma sessão, ele afirmou estar se sentindo "um anticristo", alguém que não foi capaz de fazer a vontade do Pai e, por consequência, ainda perdeu o afeto da Mãe. "Degredado filho de Eva", essa foi outra metáfora que ele usou para se referir a si mesmo.*

O velho professor tem razão. A culpa é um sentimento primordial e fundante da humanidade, e não entendam "humanidade" como sendo sinônimo de "raça humana" ou "espécie humana", tal qual definida e compreendida pela Biologia, mas entendamos "humanidade" como uma qualidade, ou um "jeito de ser" desenvolvido pela espécie humana. Nesse caso, o que vai definir a "humanidade" é a ação do indivíduo pertencente à espécie humana e não sua mera pertença a essa espécie.

Ergo, quando digo que a culpa é fundante da humanidade, estou afirmando que, sem ela, estaríamos condenados à barbárie e à selvageria, e jamais chegaríamos a um modelo de relacionamento que pudesse ser dito "civilização". Pela culpa estrutura-se a ética, pois somente ela é capaz de frear nossos desejos mais obscuros. Por outro lado, o excesso de culpa nos adoece.

— *Se a Igreja não tivesse sido tão cruel com ele, talvez a culpa não teria a potência patologizante* – disse Sócrates.

— *Ele tem acusado a Igreja?*

— *E precisa? De um lado, ela o tem tratado com indiferença; do outro, como um infrator.*

— *Será que não estamos acusando a pessoa errada?* – perguntou o professor Nogueira.

— *Como assim?*

— *No seu livro* O mal-estar na civilização, *e melhor ainda em* Totem e Tabu, *Freud fala de uma culpa original que fundamenta o processo civilizatório. Nesse processo, nós sabemos, a mãe possui um papel central ao inculcar na criança os primeiros sentimentos de culpabilidade, e o pai, por sua vez, perma-*

nece sendo aquela figura que habita a instância punitiva. Você tem explorado a relação dele com seus pais na infância?

— Sim. Inclusive, ele já revelou que sua mãe teve um papel central na constituição de sua fé e de sua relação com a Igreja e, por consequência, com a religião e com Deus.

— Nada é mais doloroso para um filho do que decepcionar seus pais e, sobretudo, decepcionar sua mãe. "Degredado filho de Eva" você disse?

— Exato. Ele está vivendo, por analogia, essa relação triangular com seus pais, só que desta vez a Igreja é a mãe e Deus é o pai. Uma mãe narcisista e um pai perverso.

O velho professor e seu pupilo conversaram ainda por quase uma hora. Muitos conselhos Sócrates recebeu nesse dia, mas nem todos se referiam a Epifânio. Outros casos foram relatados nos quais o discípulo solicitou orientação de seu mestre.

Porém, o tema da culpa foi o epicentro de toda a conversa. O professor Nogueira, é claro, conhecendo Sócrates quase tanto quanto eu o conheço, não deixou de notar o interesse do seu pupilo pelo tema. Todavia, não sendo ele o analista de Sócrates, se ateve a dar suas modestas opiniões apenas naquilo que era solicitado.

O mecanismo da culpa é algo deveras complexo e não tenho a intenção de explicá-lo neste texto. Todavia, é preciso entender que a culpa que nos adoece nem sempre é de natureza consciente. Na maioria das vezes, ela se esconde no inconsciente e só se manifesta por meio de sintomas. Também é necessário ter em mente que quem mais nos cobra não são os outros, mas nós mesmos, por meio do nosso mecanismo de censura, que tem no Supereu seu incansável guardião.

O Supereu surge no sujeito a partir do momento em que este começa a interiorizar o desejo do outro que age nele em forma de expectativa e demanda. Assim, forma-se no sujeito um "ideal do Eu" ou Supereu, que possui nos pais a figura primária de identificação. Por isso, desapontá-los é o mesmo que o sujeito se sentir falido e fracassado. Freud, em sua obra *O Eu e o Id*, publicada em 1923, referindo-se ao ideal do eu, afirma que "[...] por trás dele se esconde a primeira e mais significativa identificação do indivíduo com o pai da pré-história pessoal"[182].

[182] FREUD, S. O Eu e o Id (1923). *In*: FREUD, S. **Obras completas (1923-1925)**. Tradução de Paulo César de Souza. São Paulo: Companhia das Letras, 2021b. v. 16. p. 38-39

— Você já pensou na possibilidade de que ele precise se reaproximar da Igreja a fim de se sentir menos culpado e falido? – sugeriu o professor.

— Dá para notar que o senhor não entende nada de Igreja e padres. Eles são cruéis e narcisistas. Epifânio ficou meses recolhido e nenhum deles sequer lhe fez uma visita ou um telefonema.

— Talvez estivessem apenas respeitando o espaço de Epifânio.

— Respeitando? Respeito é uma palavra que não cabe no catecismo deles. Pregam um Deus vingativo, mal-humorado e que goza do sofrimento de seus filhos. Aliás, as dores, os sacrifícios e as suas misérias, eles acreditam, ou assim querem que outros creiam, que fazem parte do modus operandi da divindade. "Deus está provando a sua fé" é o que dizem quando alguém está em dificuldades. Eles têm tratado Epifânio com frieza e descaso. Talvez, quando Epifânio reconhecer isso, se sinta menos culpado e mais aliviado.

— Você nunca perdoará Deus pelo que Ele fez?

— Talvez eu devesse. Se Deus é Deus porque nos perdoa, talvez perdoando-O eu também me torne um Deus.

— E imitando o Pai, o filho a ele se identifica – disse o professor Nogueira, como se estivesse pensando alto.

— Mas não, se eu tivesse que me tornar um Deus, não seria como esse: pai de escravos, empunhador de chicotes. Pai de olhar severo, orgulhoso e vaidoso, sempre pronto para punir seus filhos por qualquer errinho bobo.

O professor Nogueira tinha razão. Sócrates estava aparentemente irritado. E ficou ainda mais quando o velho lhe perguntou:

— De qual pai você está falando?

— Não! Pelo amor de Deus! O senhor não vai querer me analisar, não é mesmo?

— De jeito nenhum! – respondeu o professor Nogueira, quase não segurando uma risada. Depois provocou seu pupilo um pouco mais: *— Mas agora estou curioso, "pelo amor de qual Deus" você apelou?*

— Está bem – disse Sócrates, como que querendo encerrar a conversa. *— Ainda tenho que passar na casa da minha ex, Sofia esqueceu seu casaco no meu carro e fiquei de ir lá devolver.*

— Ah! Leve meu abraço para ela.

Sócrates se despediu de seu velho amigo e, no caminho de volta, se recordou do porquê de ter diminuído a frequência com que visitava seu professor. "Deve ser a idade", disse ele. "A idade está amolecendo o meu velho amigo", completou.

Sócrates, no entanto, não parava de pensar em suas primeiras aulas de Filosofia com o professor Nogueira. "Ele era tão altivo e possuía a arrogância própria do filósofo. E eu cheguei a pensar que ele era a reencarnação de Zaratustra, que tinha se dignado a descer de sua montanha sagrada para anunciar a boa notícia: Deus está morto!"[183]. Quase foi possível ver, nessa hora, uma certa expressão de decepção no rosto de Sócrates.

Meu caro Sócrates, é muito fácil anunciar que Deus morreu quando se é jovem e está em pleno "pino do meio-dia", onde a luz é forte e o calor é intenso. Difícil é abrir mão de Deus ao entardecer, quando enfim a luz vai se deitando por trás das montanhas e o Sol vai sendo tragado pelo mar. A noite da vida sempre vem, e com ela os horrores de todos os fantasmas que habitam a escuridão. Entardecer, ou melhor, envelhecer sem a esperança de uma luz, é adentrar a noite sabendo que não haverá mais uma aurora.

[183] Aqui Sócrates estava fazendo referência ao livro escrito por Nietzsche (*Cf.* Nietzsche, 2011, p. 11-13).

SESSÃO: "O MITO DO CELIBATO"

Certamente não é desconhecida do leitor a frase "Freud explica". Também não lhe é desconhecido o fato de ser dita, quase sempre e prioritariamente, dentro de um contexto que evoca sexualidade ou, o que é ainda mais provável, que faça referência a uma suposta causa sexual que um determinado sujeito, por diversas maneiras, tenta esconder, mas que acaba se manifestando indiretamente em suas atitudes ou falas. Essa frase, no entanto, longe de se tratar de uma expressão vinculada ao universo acadêmico, expressa a forma como o senso comum absorveu a pessoa icônica de Freud e, sobretudo, suas teorias que dão corpo e identidade à psicanálise.

Quando o senso comum atribui a Freud uma vinculação com formas de se explicar o comportamento e as patologias que envolvem a sexualidade humana, ele não está tão longe da verdade assim, mas, ao invés disso, demonstra o quão impactantes foram as teorias deste pensador que, sem dúvidas, foi um divisor de águas na forma como a sexualidade foi tratada ao longo da história pela comunidade acadêmica.

Seu impacto, seguramente, não se deve apenas ao fato de ter descrito o desenvolvimento sexual do sujeito atrelado ao seu desenvolvimento psíquico, coisa que por si só já seria de grande monta, mas à sua tenacidade e ousadia ao quebrar tabus sacramentados, ao demonstrar que o desenvolvimento sexual se inicia já na infância. Em sua obra *Três ensaios sobre a teoria da sexualidade*, publicada em 1905, o próprio Freud tem essa consciência de estar rompendo paradigmas:

> Na concepção popular do instinto sexual, ele está ausente na infância e desperta somente no período da vida que designamos como puberdade. Isso não é um erro qualquer, mas de grandes consequências, pois principalmente a ele devemos nosso atual desconhecimento das condições fundamentais da vida sexual. Um estudo aprofundado das manifestações sexuais infantis provavelmente revelaria os traços essenciais do instinto sexual, mostraria seu desenvolvimento e nos faria ver sua composição a partir de várias fontes[184].

Nesse mesmo trecho da obra, ele faz menção ao fato de que os autores sempre recorreram à pré-história da humanidade a fim de se explicar questões ligadas à sexualidade; ele, porém, busca respostas na pré-história do indivíduo, a saber, sua infância[185]. Os instintos sexuais já estão presentes no sujeito desde o alvorecer de sua existência, porém, diz Freud, eles "se manifestam de forma observável por volta dos três ou quatro anos"[186]. Em uma outra obra intitulada *Conferências introdutórias à psicanálise*, ao comentar o período de latência como uma fase de amnésia infantil, e tendo já explicado a importância dos eventos acontecidos na infância para a constituição do sujeito e de seu desenvolvimento psicossexual, ele afirma, referindo-se à técnica psicanalítica, que "Toda a psicanálise propõe-se como tarefa trazer de volta à memória esse período esquecido da vida"[187].

Que a sexualidade representa um tema central na teoria e na técnica psicanalítica, isso é sabido por todos. Que no processo de análise o tema da sexualidade vai aparecer em um momento ou outro como tema central, isso também não é ignorável. Que as questões ligadas à sexualidade ocupam um espaço epicêntrico na vida do sujeito e na própria forma de organização da vida da sociedade, isso não só a psicanálise afirma. Até mesmo a olho nu é observável o quanto as questões sexuais impactam o sujeito e a sociedade: a linguagem, as piadas, as músicas, as danças, as conversas nos barzinhos, mas também as pregações nas Igrejas, as discussões no congresso, os conflitos familiares, enfim, tudo testemunha a esse respeito. O tema da sexualidade é tão fundamental que hoje, inclusive, ao se falar de "identidade do indivíduo", faz-se referência, prioritariamente, à sua condição sexual.

---

184 FREUD, S. Três ensaios sobre a sexualidade. *In*: FREUD, S. **Obras completas (1901).** Tradução de Paulo César de Souza. São Paulo: Companhia das Letras, 2019c. v. 6. p. 73.

185 *Cf. Ibidem*.

186 *Ibidem*, p. 79.

187 FREUD, 2014. p. 433.

A questão da sexualidade é tão central para a psicanálise que Freud, por diversas vezes em suas obras, chama a atenção do leitor para sua franqueza ao se referir às questões sexuais, inclusive ao usar uma linguagem cujo vocabulário está ligado ao universo dos termos que se referem ao sexo. Em sua obra *Análise fragmentária de uma histeria*, ou como é mais conhecida, "O caso Dora", publicada em 1905, ele escreve: "[...] questões sexuais serão discutidas com toda franqueza, órgãos e funções da vida sexual serão designados por seus verdadeiros nomes, e o leitor pudico terá oportunidade de convencer-se de que não hesitei em tratar desses temas com uma jovem mulher [...]"[188].

Mas por que estou iniciando a narrativa dessa sessão tocando nesse tema? Por dois motivos: primeiro, porque nessa sessão Epifânio revelou ao doutor Sócrates que conheceu uma pessoa e que eles estão se aproximando afetivamente; segundo, porque por várias vezes o doutor Sócrates quis tocar no tema da sexualidade e Epifânio se esquivou. Mas, nessa sessão, enfim, a barreira foi rompida. Não que Epifânio tenha se sentido totalmente à vontade, mas já foi um passo importantíssimo. Depois, também, o doutor Sócrates pôde confirmar o que já havia desconfiado há tempos: que toda a insegurança sexual manifestada por Epifânio não estava simplesmente relacionada à educação repressora da Igreja, mas sim a uma questão de autoimagem[189].

O estranhamento especular encontra no estilo de vida clerical um espaço para uma pseudoconciliação, e de forma especial no celibato, um refúgio para os que não querem, ou não se sentem capazes, de dar satisfações à sua família e à sociedade de seu suposto fracasso amoroso[190]. Uma pessoa narcisicamente ferida, e sofrendo de uma autorrejeição, parte do princípio de que ela é incapaz de iniciar e manter uma relação amorosa.

Que esse seja o caso de Epifânio, isso não estou afirmando. Que ele não tenha vocação, isso ninguém pode julgar, mesmo porque fazer tal juízo seria contradizer o juízo da Igreja que, ao ordená-lo, julgou-o vocacionado. O que estou afirmando é o óbvio a todos, a saber, que Epifânio sofre de baixa autoestima, e que o doutor Sócrates há tempos vinha desconfiando de que seu paciente é sexualmente inseguro, graças a um estranhamento especular.

---

[188] FREUD, 2016a, p. 176.

[189] Acaso é de se ignorar que o estranhamento especular seja uma questão central nos depressivos?

[190] É um princípio muito similar se observarmos os casos nos quais sujeitos homossexuais procuram a vida eclesiástica para, de alguma forma, não se assumirem publicamente. Muitos deles, inclusive, tendo tal condição, vivem com honestidade o celibato.

Quando Epifânio chegou ao consultório, estava quase atrasado e ofegante.

— *Com licença, boa tarde. Quase que me atraso. E só tem um elevador funcionando, o outro está quebrado e o que funciona já estava subindo. Tive que encarar as escadas. Estou quase sem fôlego! Depois dos 40, as subidas ficam mais difíceis.*

— *Tranquilo. Um pouco de água?*

— *Sim, aceito.*

— *Nossa, empurrar escada acima esse corpo é uma tarefa quase digna de um Sísifo* – disse[191] Epifânio, em tom de brincadeira, referindo-se ao fato de possuir um corpo considerado, por ele sobretudo, acima do peso ideal, levando-se em conta sua estatura mediana.

— *Isso é um problema para você?* – perguntou o doutor Sócrates.

— *Subir escadas? Bem, depende de quantos degraus devo subir.*

— *Não subir escadas, mas ser gordo.*

— *Ah, tá. Foi só uma brincadeira. Uma piada.*

Meu caro Epifânio, que gafe! Fazer piada dentro do consultório de um psicanalista é dar-lhe a mais valiosa pista para compreender aquilo que, a custo do riso, estamos negando ou tentando manter longe da compreensão de todos. Se bem soubesse que rir de si mesmo não é sinal de maturidade emocional de quem conquistou a paz consigo mesmo, mas, ao contrário, é uma forma sutil de atacar-se e, agredindo-se, defender-se de uma agressão ainda maior oriunda do outro, não usaria tal técnica justamente diante daquele a quem tal técnica não é desconhecida. Há quem ignore o livro *O chiste e sua relação com o inconsciente*, de autoria do pai da psicanálise?

Brincando, falamos muitas coisas sérias. A teatralização e a comédia são mecanismos de burlar a censura e funcionam de forma muito semelhante ao mecanismo gerador dos sonhos. Ao fazer piada consigo mesmo pelo fato de ser gordo, Epifânio se defende atacando-se. De forma que, sua intenção é desarmar o outro, neutralizando o seu suposto ataque. Antes, então, de Sócrates fazer menção ao peso de Epifânio, por ocasião deste ter que haver subido alguns andares (coisa que não iria acontecer, pois Sócrates não tinha a

[191] Condenado pelos deuses a empurrar uma grande pedra até o topo de uma montanha e depois vê-la novamente rolar montanha abaixo.

menor intenção de rir ou acusar Epifânio de estar gordo para subir escadas), ele mesmo comete um autoataque, neutralizando um suposto ataque que poderia sofrer de seu analista.

O chiste, na concepção de Freud, tem como uma de suas finalidades provocar prazer no ouvinte[192]. Possivelmente, Epifânio contrasta seu desprazer em ser "gordo" fazendo de sua condição ocasião de riso e prazer para o outro. É como se ele quisesse mostrar para si mesmo que não é tão ruim ser gordo. Depois, ao atacar-se, espera-se que o outro o defenda. Às vezes, nos acusamos de algo só para que o outro nos possa dizer o contrário. Uma pessoa que, por acaso, diz: "estou muito gordo para subir escadas", espera que o outro lhe responda dizendo: "você não está tão gordo assim". E essa também é uma das finalidades do chiste: fazer uma provocação ao outro.

Até aqui, concentrei-me nesse chiste que, como vimos, foi bastante óbvio. Todavia, Epifânio fez uma afirmação anterior que, possivelmente, sem ter a intencionalidade consciente, também foi um chiste e, é claro, não passou despercebido ao seu analista, que mais adiante irá evocar em suas intervenções. Estou me referindo ao fato de Epifânio ter dito que "depois dos 40, as subidas ficam mais difíceis".

Ora, essa fala passaria despercebida em qualquer outro contexto, mas não em análise. E não justamente quando ele trouxe consigo a intenção de falar a respeito de seu envolvimento afetivo com uma mulher e de ter feito referência a medicações que estavam afetando a sua libido e, por consequência, sua ereção. "Depois dos 40, as subidas ficam mais difíceis". Essa frase poderia muito bem ser substituída por: "depois dos 40, uma ereção fica mais difícil", principalmente fazendo uso de determinadas medicações. Mas vamos adiante, e talvez essas ideias fiquem mais claras.

Já acomodado no divã e crente de que sua gafe seria, enfim, esquecida, Epifânio começou falando um pouco de sua semana agitada no trabalho. Estava tendo cortes no quadro de funcionários e ele precisou aumentar sua carga horária, assumindo o lugar de um colega que havia sido desligado do quadro docente.

— Vou assumir a disciplina de Filosofia nas turmas da manhã e Sociologia nas turmas da tarde. Sinceramente, será melhor assim, pois quanto mais tempo ocupado, menos tenho tempo para meus problemas.

[192] *Cf.* FREUD, S. O chiste e sua relação com o inconsciente. *In*: FREUD, S. **Obras completas (1905)**. Tradução de Fernando Costa Mattos e Paulo César de Souza. São Paulo: Companhia das Letras, 2017. v. 7. p. 136-137.

— *Mas você tem reclamado de cansaço* – retrucou o doutor Sócrates.

— *Verdade. Mas, desde que o doutor Oliveira mudou a medicação e introduziu uma outra para auxiliar, tenho me sentido um pouco mais disposto, ao menos durante o tempo de efeito da medicação. Inclusive, com essa nova droga, eu tenho sentido sensações de bem-estar. Coisa estranha, pois é como se eu estivesse alegre sem ter motivos.*

— *Como assim?*

— *Não sei bem explicar. Só sei que me sinto bem e disposto.*

— *Bem e disposto? Ou seria uma espécie de euforia?* – questionou o analista.

É interessante essa fala de Epifânio, porque aponta para uma questão bastante complexa, que não poderá ser resolvida nem esclarecida como monólogo de uma ciência, mas por meio do diálogo entre as várias áreas do conhecimento humano que têm se proposto a discutir e pesquisar a respeito dos estados depressivos. Afirmar que o estado depressivo, em sua multiforme manifestação[193], seja apenas ausência de determinadas substâncias neurotransmissoras no cérebro, é se ater à complexidade de um órgão (o cérebro) e ignorar a complexidade do ser humano em suas dimensões físicas e psíquicas, bem como de suas dimensões culturais, existenciais, filosóficas etc.

Por outro lado, negar que a ausência ou a presença de tais substâncias cria disfunções no cérebro e altera as sensações e percepções do sujeito em relação à sua realidade, bem como altera funções do próprio organismo, seria um negacionismo que, em nível de ignorância, superaria a própria mentalidade terraplanista. Possivelmente, quando falamos de realidade existencial e a da própria consciência que o sujeito adquire de si no mundo; de suas conquistas e frustrações, estamos falando de mecanismos estimulantes na produção de tais substâncias, de forma que o externo (meio) estimula o interno[194] (mente-cérebro) e não apenas o contrário. "Sinto-me alegre sem ter

[193] Em uma outra ocasião mais propícia, que não será neste livro, pretendo falar das causas endógenas e exógenas.

[194] Pouca coisa possui um poder tão estimulante quanto sentir uma paixão. Quando amamos e somos correspondidos da mesma forma, e quando esse amor está recheado de paixão (desejo ardente), a serotonina, a endorfina, a dopamina e a ocitocina, bem como a própria adrenalina, são produzidas pelo organismo.

motivos para estar", ou seja, uma alegria artificial, ilusória, que não encontra sustentação na realidade do sujeito[195].

Mas essa ilusão de felicidade, provocada sinteticamente, não é algo ruim. Ao contrário, foi a forma eficaz que a ciência encontrou para ajudar o sujeito a lidar com a sua realidade precária. Todavia, só isso não basta. O sujeito precisa ressignificar sua existência e encontrar motivos para bem viver. Os laços afetivos são um dos espaços privilegiados na construção do sentido da própria existência. Amar alguém gera no sujeito o compromisso do cuidado, e, cuidando, o sujeito se vê útil em sua existência. Ser amado por alguém também gera no sujeito a responsabilidade de viver e corresponder às expectativas que o outro deposita nele. Quem ama, ama por carência, e quem quer ser amado, o quer pelo mesmo motivo. Por isso, numa relação de amor, o amante também é amado e o amado também se torna amante. E esse ciclo (de introjeção, projeção e identificação) faz com que o sujeito encontre uma motivação para viver.

Após falar que se sentia artificialmente feliz, Epifânio continuou:

— A medicação anterior possuía um efeito colateral que, neste novo momento de minha vida, seria muito indesejado.

— De qual efeito colateral estamos falando?

— Perda de libido. Mas até então isso não era um problema para mim, pois, sendo um padre, eu não tinha uma vida sexual ativa.

— E agora você tem?

— Ainda não exatamente. Mas conheci uma pessoa, Letícia, e estamos nos entendendo.

— Estão namorando?

— Sim. Mas ainda não tivemos relação. Estamos indo com calma. Ela é viúva e possui dois filhos, um deles já adolescente. Eles não têm colocado obstáculos, mas ela não quer precipitar as coisas. E eu concordo. De minha parte, também estou cauteloso, pois esse é um mundo que, até então, para mim, era desconhecido.

---

[195] E isso é paradoxal. Sentir uma coisa sem ter motivos para sentir. O contrário também acontece, quando se sente triste e vazio sem ter, ao menos de forma aparente, motivos. Não é essa a grande questão do depressivo?

Depois disso, Epifânio ficou calado por um tempo. Então, o doutor Sócrates o provocou:

— *Você afirmou, em sessões anteriores, que teve poucas experiências de namoro antes de entrar para o seminário. Também disse que já no seminário se enamorou de uma jovem, mas preferiu dar prosseguimento à sua formação. Você tinha dificuldades de se relacionar amorosamente?*

— *Nunca fui do tipo que atraía a atenção das mulheres. E, também, sempre fui muito tímido. Não ia muito a festas, não aprendi a dançar, enfim, eu não era do tipo pegador.*

Vamos lembrar que Epifânio é o único filho homem entre quatro irmãs e que foi criado numa rígida educação religiosa católica. Tendo seu pai morrido quando ele ainda era adolescente, viveu as turbulências dessa fase sem uma referência masculina dentro de casa, de forma que falar de sexo era sempre um tabu. Lembro que, quando o doutor Sócrates o interrogou se ele teve acesso a material pornográfico na infância, ele disse que não e que só veio ter contato com imagens desse tipo quando um coleguinha de escola lhe mostrou uma revista da *Playboy*, muito comum naquela época. Isso lhe deixou muito chocado, mas o que lhe custou caro a aceitar foi quando este mesmo coleguinha lhe revelou que era por meio daquela prática que as crianças vinham ao mundo. "Seu pai fez isso com sua mãe e você nasceu", disse o rapazinho esperto. "Nunca", respondeu o infante Epifânio, "meu pai jamais faria isso com minha mãe, isso deve machucar, que coisa horrível", retrucou Epifânio, se ofendendo profundamente. Grande decepção teve tempos mais tarde ao saber que seu amiguinho estava certo.

— *Você se sentia inseguro?*

— *Sim. Muito.*

— *Por quê?*

— *Talvez pela minha aparência.*

— *O que tem sua aparência?*

— *Precisa que eu diga?*

— *Sim. Precisa.*

— *Não é fácil ter um corpo acima do peso ideal em uma sociedade que cultua corpos michelangélicos. Passei toda minha infância sofrendo bullying por ser gordinho. Na escola, sobretudo.*

Epifânio, já cursando a sétima série, se enamorou de uma coleguinha. Ele era espirituoso, inteligente e engraçado. Péssimo nos esportes, é verdade, mas tirava boas notas e era o queridinho das professoras. Epifânio tentou se aproximar da menina que, como ele mesmo dizia, lhe dava calafrios e o fazia suar frio quando estava perto dela. Mas ela não quis ser sua amiga, o que o deixou deveras entristecido. "Talvez seja porque você é gordinho", disse um de seus colegas. Aos poucos, Epifânio foi interiorizando que ser gordinho é um empecilho para se aproximar de garotas. Tornou-se tímido e retraído. Começou a entender que o mundo das fantasias é menos cruel do que a realidade. Sentiu-se ressentido por ser quem era. Fantasia e ressentimento: tudo o que uma pessoa precisa para buscar conforto na religião.

— *E no seminário?*

Pensar que o seminário é um lugar de jovens amorosamente frustrados; sexualmente inseguros; refúgios para homossexuais incubados; ou para quem busca ascensão social e vida de privilégios, não corresponde à realidade e, quem assim o pensa, demonstra que conhece muito pouco da vida em um seminário ou, de nada sabe acerca da mística da vocação. É engraçado que, muitas vezes, quando alguém vê um seminarista ou um padre aparentemente bonito, logo dizem: "que desperdício". Como se somente os feios, frustrados ou incapacitados devessem ser sacerdotes. É uma mentalidade tacanha e miúda.

— *Também. Mas sabe uma coisa engraçada? É que praticamente todos eles engordaram depois de ordenados. Ser um padre gordinho é até charmoso.*

Epifânio estava estranhamente espirituoso. As pessoas costumam brincar quando estão nervosas ou em situações de constrangimento.

— *Fale-me mais sobre aquela experiência de namoro que você teve quando ainda estava no seminário.*

— *Foi uma experiência sui generis. Alguns encontros escondidos, mas não tivemos uma experiência sexual. Foi uma experiência importante para mim e ela me fez muito bem. Senti-me desafiado em minha masculinidade. Acho que eu teria me casado com ela se naquele momento eu não estivesse* tão seguro na minha vocação.

— *Que tipo de segurança sua vocação lhe dava*? – perguntou o doutor Sócrates, interrompendo Epifânio.

— *Não entendi.*

— *Você disse "se naquele momento eu não estivesse tão seguro na minha vocação".* – repetiu o doutor Sócrates.

— *Eu quis dizer que eu estava certo de ser um vocacionado ao sacerdócio.*

— *Certo. Pensei ter ouvido que a vocação lhe dava segurança. Mas então, a vocação ao sacerdócio não se concilia com a possibilidade do vocacionado se apaixonar?*

— *Quando decidimos pelo sacerdócio, renunciamos ao nosso direito de contrair matrimônio e, por consequência, renunciamos também a uma vida sexual ativa. Mas sim, existe sempre a possibilidade de nos envolvermos afetivamente. Por isso se chama renúncia*[196].

Sem ter a pretensão de denunciar a hipocrisia vivida por uma considerável parte do clero, nem o descaso da própria Igreja, considero o celibato sacerdotal um "mito" fundante de uma narrativa que envolve o sacerdócio e, por que não dizer, o próprio sacerdote, em uma atmosfera de pseudomistério e de pseudomística. E quando digo que o celibato é um mito do sacerdócio, sob nenhuma hipótese estou desmerecendo o louvável esforço que uma outra parte do clero realiza a fim de vivê-lo com fidelidade. Também não irei entrar no mérito teológico da questão; outros já o fizeram. Quero apenas acentuar a narrativa que é gerada e sustentada por todo um simbolismo estético que alimenta o folclore e o imaginário popular.

A pseudomística gerada em torno do celibato exerce um poder de sedução nos pretensos vocacionados e, por outro lado, um fascínio e admiração nos devotos, de tal forma que, quando um padre renuncia ao seu ministério, a primeira coisa que é questionada pelas pessoas é justamente o celibato. Ao fazer o voto de celibato e, por consequência, o voto de castidade, o padre se propõe a abrir mão de uma atividade sexual, e não de sua sexualidade. No entanto, com voto ou sem voto, não é fácil a abstinência ao sexo. Ela se manifesta, incontestavelmente, como uma necessidade física e psíquica.

[196] É fato que homens que se consideram feios desenvolvem uma certa insegurança sexual. No seminário, quando um seminarista se considera feio e, portanto, incapaz de despertar o interesse sexual de uma moça. Graças à posição de privilégio em que ele se encontra na sociedade, se de repente se vê notado por alguém, com aquele olhar de desejo, se ele não estiver de fato convencido de sua vocação, ele facilmente renuncia àquilo que hipoteticamente havia lhe levado a renunciar "a tudo", a saber, sua vocação. Epifânio preferiu dar prosseguimento à sua formação religiosa e isso pode ser, sim, um indicativo de que ele de fato acreditava em sua vocação e tinha amor pela vida eclesiástica.

Que o padre se sinta atraído por alguém sexualmente, ninguém deve ser tolo de se escandalizar. Aquilo que ele faz de seu desejo, isso sim é passível de escândalo. Portanto, a luta para a manutenção do celibato é constante e não dá trégua. É ingenuidade pensar que a vocação ao sacerdócio ministerial traga consigo a ausência de desejo e de necessidade de uma prática sexual. Se assim fosse, o voto não seria necessário. Este é, por conseguinte, uma promessa de empenho constante.

A atividade sexual é uma realidade antropológica e não se anula com votos, crenças e orações. O fato de não poder ser anulada é o que torna mais difícil a sua abstinência. Por isso mesmo admiro e respeito o esforço contínuo dos padres para se manterem fiéis. A renúncia à atividade sexual, como foi afirmado, não anula o desejo e, mais do que isso, não anula a necessidade, seja física, seja psíquica, que o sexo demanda. Então, aquilo que não pode ser anulado deve ser redimensionado e não reprimido. O que se reprime se rebela e busca se manifestar à revelia do repressor. Tentar conter ou ignorar algo tão natural ao ser humano pode causar grandes danos psíquicos, tais como carência afetiva, desequilíbrio afetivo, desequilíbrio emocional e até mesmo uma angústia tal que possa levar o sujeito a um estado depressivo.

Redimensionar o desejo é o que podemos chamar de renúncia. Mesmo assim, o redimensionamento deve, de alguma forma, satisfazer, ainda que não completamente, a necessidade psicofísica do sexo. É dar ao desejo um objeto substituto. Este objeto pode ser algo material ou imaterial; pode ser de serventia apenas subjetiva ou coletiva. Esse esforço de redimensionamento é feito a duras penas.

Ao renunciar às atividades sexuais, seminaristas e padres, se de fato tiverem o propósito de manter-se fiéis ao celibato, precisam dar um direcionamento novo para seu desejo e para a satisfação de suas necessidades. Essa canalização pode ser feita de forma positiva, mas também negativa. E não é dito que a canalização seja eficaz ou que perdure por muito tempo. Por isso repito, a renúncia é diária.

Alguns substituem o objeto do desejo sexual por ativismos pastorais. Outra forma de substituição do objeto desejado é a excessiva importância que se dá aos aspectos estéticos da liturgia. Roupas extravagantes, ritos realizados com rigor estético, celebrações solenes, onde o foco está muito mais na forma como o padre se apresenta do que de fato nos aspectos espirituais. É uma forma de se sentir potente, dominante, admirado, importante e desejado. Às vezes, em uma celebração de casamento, o padre está mais bem vestido do que a própria noiva.

Poderia continuar descrevendo inúmeras formas de substituição, ou melhor, de tentativas, na maioria das vezes frustradas, de substituição ao prazer que seria proporcionado pela atividade sexual. Álcool, pornografia, linguagens, piadas, tudo isso são meios de tentar arrefecer a força da tensão do desejo reprimido. Mas a lista seria deveras longa. Acredito que qualquer leigo é capaz de identificar os excessos cometidos por seus párocos. São os excessos que denunciam a tentativa de substituição de um objeto por outro. O apego à matéria é um clássico substituto da atividade sexual reprimida.

— *Quer falar um pouco de como foi sua experiência de viver o celibato, mesmo sob o risco de desenvolver um sentimento de afeto por uma pessoa?* – provocou o analista.

— *Na verdade, eu boicotava qualquer possibilidade de um envolvimento afetivo, convencendo a mim mesmo de que seria impossível alguém corresponder a tais afetos. Isso eu acreditava ser renúncia. Mas, na verdade, era apenas covardia. Acredito que a renúncia pressupõe que você se sinta capaz de vivenciar aquilo a que está renunciando. Eu não me via capaz.*

— *E por isso a vocação lhe dava segurança?*

— *Talvez. Ou talvez esse sentimento de insuficiência era o que me ajudava a viver com certa resignação a renúncia.*

— *Você encontrou na formação um apoio psíquico e emocional para viver o celibato?*

— *Então, as formações a esse respeito eram muito precárias e repletas de tabus. A impressão que eu tinha era de que, de um modo geral, acreditavam que o vocacionado ao sacerdócio já trazia consigo a vocação ao celibato. Éramos tratados como seres assexuados, por parte das pessoas, e com um certo descaso por parte da Igreja. Muitos seminaristas mantinham casos fora do seminário e, vez ou outra, casos de padres que mantinham uma vida sexual ativa chegavam aos nossos ouvidos. Talvez já se tenha normalizado essa conduta. O celibato já caiu em descrédito há muitos anos.*

— *E quanto a você?*

— Eu acreditei que seria capaz de viver o celibato, tanto que o vivi até os últimos dias do meu ministério, e ainda me considero celibatário, uma vez que não tive ainda experiência de natureza sexual.

— Viveu? Mas a que custo?

— De sacrifício, como tem que ser. Eu não falhei no celibato, mas sim no sacerdócio. Alguns padres que falharam no sacerdócio permanecem atuando no ministério como se o ministério fosse uma profissão. E muitos já falidos não vivem mais o celibato.

Nesse ponto, Epifânio está certo. Em muitos casos, o padre se dá por vencido e simplesmente vive de forma ativa suas atividades sexuais, mantendo relações esporádicas ou com certa frequência, seja com uma pessoa, criando laços afetivos com a formalidade de fidelidade, seja com várias pessoas para evitar o apego afetivo. Não é incomum a descoberta de famílias formadas de forma clandestina. Não estou delatando, acusando ou condenando algum deles. Estou de forma muito genérica expondo fatos e não acusações. Eu leio e assisto a jornais.

Depois, ainda que eu não pretenda entrar no mérito da questão, o desejo sexual a que me refiro neste texto serve tanto para os heterossexuais quanto para os homossexuais. Na maioria das vezes, se condena com mais vigor os padres que vivem sua homossexualidade ativa do que os que vivem ativamente sua heterossexualidade. Em relação ao exercício do sacerdócio celibatário, um não é preferível ao outro. Ambos são condenáveis, e a decência em se retirar do ministério quando se é incapaz de manter-se fiel é louvável.

Por outro lado, sempre acreditei, e isso não é uma afirmação teológica, mas sim um ponto de vista deste narrador, que o maior pecado que pode ser cometido pelo padre não é em relação ao sexo, mas sim contra a caridade. Um padre não caridoso provoca muito mais estrago na Igreja do que aquele que possui uma vida sexual ativa[197]. Muitos caem não por ausência de fé ou caráter, mas sim por fraqueza. E as quedas não são celebradas por eles como vitórias, mas como fracassos.

[197] Existem padres que possuem uma vida sexual ativa e outros, inclusive, que mantêm famílias e, no entanto, são ótimos sacerdotes, pois vivem com entusiasmo sua espiritualidade e sua missão. Homens caridosos, humanos, misericordiosos e que conseguem transmitir uma fé autêntica sem aquele moralismo cruel, típico dos "celibatários frustrados".

Depois de um tempo tentando acompanhar o raciocínio de Epifânio, que em muitos momentos parecia confuso, Sócrates resolveu interromper o que parecia ser um sermão ou uma catequese sobre o sacerdócio e o celibato.

— Certo, mas você então viveu o celibato em nome de quê? De seu sentimento de incapacidade de conquistar uma mulher por acreditar que nenhuma delas se interessaria por um homem gordo, ou por convicção religiosa?

Epifânio manteve-se calado. Parecia que ele estava tentando organizar suas ideias. Mas, antes que Sócrates disparasse mais uma, ele atropelou a fala de seu analista:

— Não deixei o ministério por pecar contra a castidade. Mas foi quando me vi pecando contra a caridade que cheguei à conclusão de que não poderia continuar sendo padre. Não fui ordenado para ser paladino da moral, mas instrumento de caridade. O que posso dizer, a partir de minha experiência, é que uma família não me impediria de ser um bom padre. A falta de caridade, sim.

— Você acha que sua vida celibatária contribuiu para seu estado depressivo?

— De uns anos para cá, a solidão começou a me incomodar.

— De uns anos para cá, quando?

— A morte de minha mãe foi um divisor de águas em minha vida. Acredito que não consegui superar o luto. Não que meu sacerdócio tenha entrado em falência por causa da morte dela, mas eu é que entrei em um processo de falimento enquanto ser humano. E a minha falência como ser humano me levou necessariamente ao falimento do sacerdócio.

— Epifânio, o que você quer dizer com falência do ser humano?

— Uma sensação de vazio. Uma negação pela vida. Uma ausência de prazer nas coisas que eu fazia. Uma falta de prazer em ser eu mesmo. Comecei a sentir uma solidão estranha. Eu me sentia sozinho mesmo rodeado de pessoas. Era a solidão do eu. De certa forma, ainda é como me sinto. E sabe a coisa mais engraçada? É *que quando busquei falar dessa solidão com alguns colegas, eles me disseram que era falta de mulher.*

— E era?

— Não, doutor. Era falta de mim mesmo.

Interessante como se atribui à mulher um papel de supridora das carências do homem. Mandaram Epifânio "arrumar uma mulher", como se isso fosse, para um padre, a coisa mais natural do mundo e como se tudo se resumisse à falta "de mulher", que em outras palavras é o mesmo que dizer: falta de sexo.

O sacerdócio sempre foi visto pelo senso comum, e alimentado pelo ego dos sacerdotes, envolto em uma atmosfera mítica, mais do que mística. E dentro do "mito" sacerdotal, o sexo sempre povoou o imaginário popular ao ponto de se atribuir à "mulher do padre" uma figura folclórica identificada como a "mula sem cabeça". E quem nunca escutou aquela frase: "Quem chegar por último é a mulher do padre"? Fato é que transformaram o padre em uma figura angelical assexuada. E esta visão ingênua impediu que se tratasse essa questão com maturidade teológica e pastoral. Simplesmente não se fala sobre isso, e quando se fala é de forma pejorativa. Piadas com a sexualidade dos padres sempre fizeram tolos rir pela natureza contraditória que foi construída entre a ideia de celibato e ausência de desejo.

Também, esse mesmo imaginário popular, alimentado por uma perversão de uma pseudoteologia, vem atribuindo à mulher um papel de contrapositora do celibato sacerdotal. A ela é atribuída, injustamente, o papel de sedutora. Ora, a sedução é própria da atitude do tentador (demônio). De forma que, a mulher praticamente é vista como instrumento do pecado, desvirtuadora dos padres inocentes. Esta visão distorcida da mulher só serve para atenuar a responsabilidade do padre em relação à sua castidade e atribuir a culpa a outra pessoa.

Depois de um tempo pensativo, Epifânio prosseguiu:

— Eu não conseguiria viver pacificamente com essa duplicidade entre a vida pública e a vida privada. Não seria justo com a mulher mantê-la nas sombras. Também não seria justo com a Igreja, que havia exigido de mim o celibato como condição ao exercício do sacerdócio. Não seria justo com a comunidade que, de alguma forma, acredita que isso pode comprometer o sacerdócio do padre, bem como sua dignidade.

Acreditar que foi uma mulher que tirou um determinado padre do ministério é a primeira coisa que passa pela cabeça de uma pessoa que fica sabendo que um certo padre deixou a batina. Isso se deve a vários mitos. Muitos deles estão relacionados ao celibato e outros que ligam a figura da mulher como sendo a sedutora ou até mesmo o instrumento de tentação demoníaca. Para os crentes, é mais fácil acreditar que uma mulher seduziu o padre do que o contrário. E verdade seja dita, não é a força da sedução de uma mulher, mas sim a força da carência do padre que o leva a cair.

Apaixonar-se por uma mulher não é coisa incomum entre os padres, pelo contrário, é mais comum do que se pensa. Mas dizer que todos os que se apaixonam deixam o ministério por elas não corresponde à verdade. Na maioria das vezes vive-se um amor platônico. Por outro lado, também é deveras comum que mulheres se apaixonem pelos padres. Algumas se iludem com a figura de homens perfeitos, sensíveis e, outras, se veem mesmo atraídas fisicamente. Mas, entre o sentimento e a ação, existe uma distância que requer atitudes para superá-las. Mas não vou, não aqui, fazer um texto falando das possibilidades de padres e mulheres se apaixonarem. Isso, inclusive, é tema de sucesso em filmes, novelas e livros.

Viver o celibato é dramático. Eu até diria trágico do ponto de vista antropológico. Talvez por isso mesmo seja tão precioso aos olhos da Igreja, não porque ela seja narcisista, perversa e sádica, mas porque ela entende que, quando alguém oferece algo tão essencial à sua vida, esse alguém está oferecendo a própria vida, e não existe maior prova de amor do que "doar a vida pelo bem do outro". Mas a pergunta que sempre fica é: "É mesmo necessário tamanho sacrifício para se provar que ama?". Ou: "Por que é preciso exigir de alguém tamanha prova de amor?". Ou ainda: "Até onde o celibato pode ser fonte de bem-estar para outros e de mal-estar no exercício do sacerdócio?". Não quero colocar em questão, simplesmente, a teologia do celibato, mas até onde de fato ele tem sido fonte de graça ou desgraça para a Igreja e, sobretudo, para o sacerdote?

É dramático para os que não conseguem viver o celibato, pois cria-se uma cisão, para muitos insuportável em sua consciência, não apenas cristã, mas sobretudo humana. É dramático também para os que conseguem manter-se na fidelidade, pois somente eles sabem o quanto lhes custam os mecanismos de compensações. E sem fazer juízo, alguns mecanismos de compensações chegam a ser mais danosos para a Igreja e para o próprio sacerdote do que a infidelidade.

Nenhum padre pode afirmar que vive o celibato com serenidade. E não estou falando apenas de ausência do ato sexual. O celibato exige muito mais do que a abstinência ao sexo. Ele exige uma capacidade de administrar emoções, sensações e impulsos. Ele exige uma capacidade de suportar uma determinada forma de solidão: aquela de estar sempre consigo mesmo. Muitos vivem rodeados de pessoas; outros simplesmente trazem jargões do evangelho ao afirmar que não pode sentir-se solitário aquele que sempre está com Cristo e repleto de seu Espírito. E digo, se acreditar nisso é o suficiente para ele nunca se sentir solitário ou carente, maravilhoso, cultive-se essa crença, pois, de todos os mecanismos possíveis para suportar a si mesmo, este é o mais louvável e desejável.

Não sei se é possível dizer se houve uma época mais fácil para se viver o celibato. Todavia, minha percepção é que nosso século tem colocado a questão da liberdade sexual no centro de todo um movimento, em torno daquilo que o sujeito pode desejar e almejar como ápice de sua liberdade e felicidade. Somos estimulados, desde muito cedo, a experiências no campo da sexualidade. Tais estímulos nos vêm pela linguagem, pelas mídias, músicas, cinema, danças, para não falar de outros mecanismos mais diretos. O seminarista, quando entra no seminário, já leva consigo uma carga muito forte de sexualização oriunda da cultura. Estímulos inconscientes e conscientes também estão em moto nele e, isso é perceptível, pois extrapola nas atitudes, falas, brincadeiras, chistes, atos falhos, enfim.

Estamos vivendo um momento de nossa história no qual o sexo é imposto como condição à felicidade e, aqui trata-se de uma percepção pessoal, a formação oferecida nos seminários não está sendo capaz de lidar com esta realidade. Então, acaba-se por deixar a cargo de cada sujeito descobrir suas próprias formas de lidar com tais impulsos, e a forma mais comum, que é a negação, e por consequência a repressão, além de não funcionar, acaba por criar outros distúrbios e desequilíbrios no sujeito.

Tema complexo, eu sei. Existem milhares de livros e textos falando a respeito do celibato e das questões que giram em torno da sexualidade do sacerdote e, longe de mim, trazer respostas neste pobre texto que não tem esta pretensão. Mas nunca é demais evocar tais assuntos para debates.

Após afirmar que não teria estrutura emocional para viver na duplicidade, Epifânio girou a cabeça em direção ao seu analista na esperança de ouvir da parte dele algum comentário. Mas este permaneceu em silêncio. Então Epifânio continuou.

— Sabe uma coisa triste? É que conheço muitos colegas cujo sacerdócio já faliu, mas eles não conseguem abrir mão dos privilégios de pertencer ao clero.

Mas permanecem fazendo o belíssimo discurso da renúncia: "Renunciamos a tudo para seguir a Cristo" é a frase mais evocada pelos seminaristas e padres a seu favor a fim de justificar os privilégios aos quais se acredita ter direitos. E eu me pergunto: a tudo o quê?

Epifânio dava sinais de irritabilidade. Falou por um bom tempo sem ser interrompido. Parecia estar fazendo um desabafo. Mas, em um determinado momento, o doutor Sócrates resolveu intervir:

— *Incomoda saber que muitos padres passam a vida toda vivendo na duplicidade e que você não foi capaz de fazê-lo?*

— *Incomodaria se esse fosse o motivo pelo qual eu deixei o ministério.*

— *Você se sente punido acreditando ter feito a coisa certa?*

— *O senhor quer saber se me sinto indignado ou ressentido?*

O doutor Sócrates não respondeu a essa pergunta, pois não foi uma pergunta e sim uma afirmação. Indignado e ressentido. É assim que Epifânio está se sentindo. A sua saída do clero foi praticamente ignorada tanto pelo clero quanto pela Igreja. Ele acredita ter feito a coisa certa, mas quem continua sendo premiado são os que, segundo ele, fazem a coisa errada. Essa é uma cena bastante comum de se observar entre irmãos quando crianças. A mãe que acoberta o erro de um filho e que não elogia o acerto do outro, provocando em um a sensação de ser especial e no outro a sensação de ser injustiçado.

Não tendo respondido à pergunta de Epifânio, o doutor Sócrates, sem lhe dar tempo para elaborar mais um discurso em causa própria, lhe pôs uma nova questão:

— *Mas e agora, como vai ser? Você não precisa mais viver o celibato.*

— *Eu e ela não planejamos como será nossa primeira relação sexual, se é isso que o senhor deseja saber. Como eu disse, estamos sem pressa. Até porque eu ainda não recebi a carta de dispensa dos meus votos. Vai acontecer quando estivermos prontos.*

— *Você não está pronto?*

— *Estou sem pressa.*

— *Está inseguro?*

— *Claro que sim. Já passei dos 40. Na verdade, tenho receios de decepcioná-la.*

— *"Depois dos 40 as subidas ficam mais difíceis."* – o doutor Sócrates repetiu essa fala do próprio Epifânio, mas com um tom de voz suave e quase como se estivesse sussurrando. E depois perguntou: — *E como você poderia decepcioná-la?*

— Não sei. Ela é uma mulher experiente e eu não sou. Acho que, *no momento, deixarei ela decidir e conduzir a situação.*

— *Você teme decepcioná-la e entrega a ela o comando da situação. Isso o faz se lembrar de alguma coisa?*

— *Como assim?*

— *As mulheres sempre tiveram um papel ativo em sua vida. Sua mãe, suas irmãs, a Igreja e agora, ao que parece, sua namorada.*

Epifânio não respondeu. Ficou pensativo. Mas reconheceu que sempre teve uma postura subserviente diante da figura feminina. Desde o falecimento de seu pai, ele assumiu determinadas responsabilidades na casa, como já falamos anteriormente. No entanto, o papel de decisão e de comando sempre coube à sua mãe. Por isso, ele se sentiu tão perdido com a morte dela.

A predominância do papel feminino ficou mais evidente quando o doutor Sócrates o interpelou sobre como ele imaginava que seria sua primeira relação sexual, e ao insistir se ele fantasiava uma determinada posição em particular, ele admitiu que lhe excitava a ideia da mulher lhe cavalgar. "Ela por cima, no comando", disse Epifânio, corando como um camarão no óleo quente. Enquanto Epifânio falava, Sócrates não pôde evitar de lembrar-se da noite anterior, quando, com uma mão, segurava firme os longos cabelos de sua amada, e com a outra, segurava forte em sua cintura, enquanto movimentavam-se alternando os ritmos, e, vez ou outra, fazia ela inclinar-se para trás, para então beijá-la com ardor.

Epifânio já estava em silêncio há mais de um minuto, tentando tomar coragem para, quando se levantar, poder olhar seu analista sem ficar corado novamente, e o doutor Sócrates parecia não ter se dado conta de que seu analisando já tinha terminado de falar. Parecia mergulhado em suas lembranças. Eu acrescentaria: "doces lembranças" a julgar pela sua expressão.

— *Acho que nosso tempo acabou* – disse Epifânio como que querendo se livrar de uma situação embaraçosa.

— *Verdade*– respondeu o analista, olhando para o relógio e se dando conta de que já haviam se passado quase dez minutos do fim da sessão.

Epifânio se levantou, meio constrangido, e se despediu do seu analista, que, como costumeiramente, lhe acompanhou até a porta.

Uma coisa interessante na análise é que o analista não faz juízo moral sobre as falas de seus analisandos. Suas intervenções servem apenas para levar seus pacientes a adquirirem uma melhor compreensão a respeito daquilo que estão relatando e, se acaso se sentirem constrangidos por algo que tenham dito, tal constrangimento não tem a ver com as intervenções do analista, mas com os mecanismos de censura dos próprios analisandos.

Logo após Epifânio se retirar do consultório, o doutor Sócrates pegou seu celular e começou a escrever uma mensagem, que prontamente foi respondida, e o que seria apenas uma mensagem logo se transformou em uma conversa. Não deu para ver tudo o que foi escrito de cá para lá, nem de lá para cá, mas consegui ler já no finalzinho uma mensagem que dizia:

— *Não vou contar meu sonho para um analista. Kkkkk.*

— *Prometo que não irei interpretá-lo. Kkkkk.*

— *Não quero correr esse risco. Mas vou lhe dar uma pista: acordei molhada e não era suor. Kkkkk.*

— *Então sonhamos com a mesma coisa, kkkk, pois quando acordei pensei que estava dormindo em uma barraca. Kkkkk.*

Depois dessa, não quis mais me inteirar da conversa. Casais apaixonados dizem cada coisa! Nesse dia, Sócrates saiu um pouco mais tarde de seu consultório.

Mas antes de encerrar este ponto, permitam-me dizer mais algumas palavras a respeito da narrativa da "renúncia sacerdotal". O próprio Epifânio reconheceu que o discurso da renúncia é só mais uma narrativa recheada de romantismo, um discurso do tipo "Cícero pro domo sua", que os sacerdotes fazem em causa própria para se obter vantagens.

Verdade seja dita, os ganhos são muito maiores do que aquilo que foi renunciado. Muitos são oriundos de situações sociais de pobreza. E no seminário, eles têm acesso a boa alimentação, estudos, acesso a um grande acervo cultural, entre outros benefícios. Sem falar que saem de um anonimato social para fazer parte de uma casta socialmente privilegiada, o que não deixa de ser um meio de ascensão social. No seminário e, depois, como sacerdote, eles conquistam uma estabilidade financeira que muitos não conseguiriam de outra forma.

A vida sacerdotal exige renúncias? E qual profissão não exige? A ideia da "renúncia" é um mito perigoso, pois é usado para justificar abusos praticados em relação à demanda de privilégios. Se cobra das pessoas um reconhecimento e um reverenciamento, acobertados sob o manto de um vitimismo de quem supostamente abdicou de si mesmo para se colocar a serviço dos outros, quando, na verdade, o que se cobra é o serviço dos outros como forma de reconhecimento de seu "suposto desprendimento".

"Amem-me, admirem-me, recompensem-me", entre outras demandas subjacentes, são lemas ostentados, ainda que sob o manto da humildade, por aqueles que de alguma forma se sentem especiais por terem renunciado aquilo que na verdade não possuíam. Tenho certeza de que, na condição de professor, Epifânio não vive dificuldades menores das que vivia como padre. Empenho, maturidade, equilíbrio emocional e afetivo, bem como generosidade para lidar com os dramas existenciais das pessoas, são pré-requisitos tão necessários quanto aos exigidos para o exercício sacerdotal. E ouso dizer que os ganhos materiais, bem como o reconhecimento por parte das pessoas, são muito maiores para com o padre do que para com o professor.

Fato é que existe todo um ar de mística que gira em torno do sacerdote e que o faz sentir-se uma pessoa especial, um escolhido entre tantos, alguém marcado com exclusividade para Deus. Não quero simplesmente negar tais crenças, mas a ideia de ser, de alguma forma, especial, facilmente pode ceder à tentação da vaidade.

As próprias vestimentas litúrgicas podem se transformar em um recurso visual para uma manifestação de vaidade e de superposição frente às outras pessoas. A extravagância das vestimentas litúrgicas não está a serviço nem de Cristo nem do evangelho, mas sim do narcisismo dos que as ostentam. É uma maneira de se destacar e de sobrepor-se de forma opressiva sobre os fiéis. É uma infantil necessidade de admiração. E aqui, sob nenhuma hipótese, estou fazendo uma crítica às vestimentas litúrgicas, mas à forma extravagante com que elas têm sido usadas.

O sentimento de ser especial, escolhido, amado e preferido por Deus entre tantos outros que não foram escolhidos, pode sustentar um discurso narcísico tão bem elaborado que as pessoas acabam por tomar isso como verdade.

Os belíssimos discursos que fazem para enaltecer o sacerdócio, na verdade, não enaltecem o sacerdócio e sim o sacerdote. Fazem homilia em causa própria. Usa-se de forma equivocada o evangelho para legitimar atitudes arrogantes, autoritárias e vaidosas. O "homem da caridade" facilmente se torna no "homem da vaidade". E o mais engraçado é que, quanto mais o padre se demonstra vaidoso e imponente, mais revela sua mediocridade.

Não é difícil perceber o quanto os padres se consideram especiais. Basta observá-los, e não apenas nos momentos litúrgicos. Todavia, verdade seja dita, o mito de ser especial é uma realidade antropológica e não exclusivamente sacerdotal. Todo indivíduo se constitui sujeito dentro de um processo paradoxal que oscila da "consciência de não-ser" ao "desejo de ser". E, no final, o desejo leva vantagem sobre a consciência. Assim, todo sujeito traz consigo a marca indelével de sua insuficiência e fragilidade. Por outro lado, esse "eu" que se percebe insuficiente se projeta em um espaço fictício e, neste espaço, cria-se um "eu imaginário" que usará de todas as artimanhas possíveis para se sustentar na realidade. Esse "eu imaginário", que é o "eu idealizado", é também o "eu" que é projetado no espaço público, onde se busca o reconhecimento do outro.

Esse "eu" projetado é dinâmico e está sempre buscando adequação ao olhar do outro. Todavia, sendo apenas uma sombra do "eu real", escondido e esquecido pela consciência, e necessitando sempre da aprovação alheia, ele está sempre em crise e inquieto, demandando incansavelmente o amor do outro. E o amor será sempre sua fraqueza e sua força. Sente-se forte quando amado e fraco quando não amado. E, para sentir-se amado, o sujeito, representado por esse "eu imaginário", precisa estar demonstrando qualidades e habilidades que possam chamar a atenção do outro. Isso chama-se carência afetiva. Dela, ninguém pode fugir.

Em se tratando do sacerdote, essa carência é ainda mais gritante, uma vez que o "eu imaginário" que se projeta sobretudo de forma erótica[198], e o retorno dessa projeção, que seria o olhar desejoso e exclusivo do outro, ao padre é negado. A vocação sacerdotal não se confunde com a vocação ao celibato. Por isso, chama-se "renúncia" quando o padre decide ser padre e não se casar. Ninguém renunciaria a alguma coisa se não lhe fosse sua. A essa carência, o padre buscará várias formas de compensações, algumas nobres, outras nem tanto. Essa própria "renúncia" será reivindicada pelo sacerdote como motivo de admiração alheia e, no mínimo, o reconhecimento do outro deverá lhe servir de alguma forma compensatória.

---

198 Sob nenhuma hipótese entenda-se erótica como pornográfica, mas sim como fonte de desejo.

O "eu imaginário"[199] do padre é alimentado não apenas pelo seu próprio desejo de ser especial, mas também pelo desejo do outro de que ele seja de fato especial. Existe uma demanda sobre o padre vinda das pessoas, que, se ele não tiver uma forte convicção de sua missão, pode se tornar um peso para ele. As pessoas cobram dele uma perfeição que, muitas das vezes, está, inclusive, para além das expectativas do próprio padre em relação a si mesmo. Daí entendemos a postura de muitos sacerdotes em tentar se apresentar como pessoas normais, fazendo coisas normais, ao ponto inclusive de exagerar na "normalidade" de suas ações, escandalizando as mentes mais afeitas a uma ideia equivocada de santidade.

A humildade, quando é sincera, é o esforço que o sujeito faz para equalizar sua autoimagem e a imagem que outros têm a seu respeito. Somente ela (a humildade) é capaz de desmistificar essa "sensação primária de prazer" que o sujeito sente ao ocupar certo lugar na sociedade (ou na Igreja, como é o caso do padre) e, assim, subtrair-se da tentação de superioridade. Um sacerdócio exercido na humildade é fecundo, contrário àquele exercido de forma narcísica que pode até impactar pela sua estética, mas é incapaz de transformar vidas.

O narcisismo é uma "doença"[200] mortal ao sacerdócio, pois, silenciosa, ela o infecta de dentro para fora. O narcisismo não se confunde com amor-próprio; este é benéfico e necessário, inclusive é condição para o cumprimento de um dos mais importantes mandamentos dados por Cristo a seus discípulos, a saber, "Amai o próximo como a si mesmo". Ninguém pode amar o próximo se não tem amor-próprio; caso contrário, não será amor, será desejo de posse, inveja, sentimento canibalístico de possuir o que o outro é. No amor-próprio, se ama aquilo que se é.

O narcisismo, por sua vez, é amor pela própria imagem, e esta pode não retratar a realidade do sujeito, mas apenas uma forma dele se projetar na sociedade. O amor voltado para a própria imagem é um sentimento fragilizado, pois a imagem que o sujeito possui de si mesmo nem sempre se sustenta na realidade, e para sustentá-la, ele precisa de um outro cativo a si, que o ame e o admire. Sendo uma imagem frágil, ele se empenhará para sustentá-la a

[199] Que a forma própria do sujeito se posicionar na realidade.

[200] Entenda que esse termo estou usando de forma analógica para me referir ao efeito do narcisismo no sacerdócio e não ao narcisismo em si.

fim de preservar a admiração de seus admiradores e, portanto, se torna uma pessoa centralizadora e que se acredita ser sempre mais do que de fato é.

É bem verdade que a teoria do narcisismo do ponto de vista psicanalítico é um pouco mais complexa do que expus. Mas, sem ter a pretensão de explicá-la neste texto, gostaria apenas de recordar que, do ponto de vista psicanalítico, nos lembra Nasio, que "[...] no campo da psicanálise, o conceito de narcisismo representa [...] um modo particular da relação com a sexualidade"[201] e, diga-se, da sexualidade própria, ou seja, da forma como o sujeito se autopercebe enquanto fonte de desejo. Sendo assim, uma pessoa narcisista investe sobre si mesmo uma energia de caráter libidinal, fazendo do próprio eu o objeto de seu desejo.

Dessa forma, entendemos como os sujeitos narcisistas são egoístas e se colocam no centro de suas atenções e, também, acreditam ser o centro das atenções alheias e facilmente se ofendem quando são preteridos. O narcisista acredita ser especial, pois sua autoimagem, ou melhor, seu ideal do eu, é deveras elevado e elevadas também são suas metas.

Assim, entendemos que, quando Epifânio fala de estar se sentindo falido, o que ele está dizendo, na verdade, é que o seu "eu" projetado no campo do desejo, ou seja, a imagem de si mesmo que ele erigiu ao longo de sua vida, mediante as demandas do outro (ou dos outros), as quais ele se empenhou para corresponder, se chocou em determinado momento com suas próprias demandas, ao ponto do seu "eu projetado" não corresponder mais ao seu "eu possível de ser". Isso é o que chamamos de um "eu clivado".

201 NASIO, 2012, p. 51.

SESSÃO: "O COMPLEXO DE ÉDIPO E A IMAGEM DO PAI"

Desde o momento em que o indivíduo é trazido à existência, iniciando assim a odisseia que o levará a constituir-se sujeito diante da realidade, ele se vê preso em um jogo de poder que se polariza entre a tentativa de superposição do desejo do outro e seu ainda não sabível desejo.

O desejo do outro se manifesta no indivíduo que busca constituir-se como sujeito, prioritariamente na pessoa da mãe[202]. É por meio dela, de seu olhar sobre o mundo e à sombra de seu desejo, que a criança começa a perceber a realidade à sua volta e, também, a enxergar os outros atores que participam de sua realidade, principalmente o pai. A mãe, assim, poderíamos dizer, projeta na criança a imagem do pai.

Na sessão de hoje, incomodado com um sonho que reapareceu depois de muitos anos, Epifânio refletiu um pouco sobre as figuras materna e paterna.

— *Do que você gostaria de falar hoje*? – perguntou o analista após Epifânio, cumprindo seu ritual, acomodar-se no divã.

[202] Vale lembrar que, para a psicanálise, a mãe não se confunde com a pessoa da genitora, apesar de a genitora também poder exercer a função materna. Mãe e maternidade são conceitos construídos culturalmente, como função mediante o exercício dos cuidados com a criança.

— Tive uma semana sem grandes novidades, exceto pelo fato de que o cachorro de Letícia quase me mordeu. Acho que ele tem ciúmes dela e não gosta de mim. O sentimento é recíproco, pois não gosto muito de cachorros. Aquilo não é nem mesmo um cachorro, é uma encarnação do mal, e só tem meio quilo, mas é de puro ódio. Creio que ele odeia tudo e todos, inclusive a si mesmo. Qualquer dia desses, vou aconselhá-lo a fazer análise. Um pinscher! O senhor acredita? Parece que é ele quem manda na casa. Ele por pouco não me mordeu, e Letícia ainda fez pouco caso, dizendo que os dentinhos dele são pequenos.

— E isso o deixou incomodado?

— Claro. Não quero ser mordido por um cachorro, mesmo que tenha dentinhos pequenos. – Ao falar esta última frase, Epifânio fez voz de deboche.

— Não me referi ao fato de que você foi quase mordido, mas de não ter sido defendido por Letícia.

— Não é possível que ela não reconheça o monstro que ela tem dentro de casa. O senhor acredita que o cachorro dorme na cama com ela? Ridículo!

Não dá para omitir o fato de que os dentes são, de certa forma, um símbolo fálico, e que morder é uma prática muito comum entre pessoas que se amam e se desejam; inclusive, é coisa corriqueira durante o ato sexual. Não é à toa que o senso comum usa a expressão "comer" para se referir ao ato de transar. Ver seu agressor na cama de sua amada é algo inadmissível. O doutor Sócrates tinha um paciente que vivia sonhando que seus dentes caíam e que ele ficava banguela. Com o tempo, o que ficou evidente foi sua insegurança sexual.

— Irrita saber que seu agressor dorme na cama de sua amada?

Essa referência servirá, depois, para compreender o sentimento infantil da criança que se ressente pelo fato de seu suposto agressor, o pai, que, no caso de Epifânio, terá no cachorro seu correspondente simbólico, dormir com sua amada, sua mãe, ocupando um lugar que em suas fantasias lhe pertence.

— Claro. Aquele pulguento deveria ter seus dentes arrancados[203] *e dormir do lado de fora*[204]*.*

203 Ser castrado.

204 Ser expulso de sua cama pelo "crime que cometeu", pois eu sou o merecedor daquele lugar. Em outras palavras.

Após alguns minutos ainda falando sobre o risco de vida que está correndo ao conviver com Théo[205], Epifânio ainda falou sobre algumas dificuldades que está enfrentando em seu trabalho, depois, começou a falar sobre um sonho que lhe tirou a paz e lhe trouxe muita angústia.

— *Mas, na verdade, eu gostaria de falar mesmo a respeito de um sonho que tive e que me incomodou bastante, pois é um sonho que se repetia bastante na minha adolescência. Foi estranho sonhar de novo um sonho que eu já nem lembrava mais.*

— *Com que frequência você tinha esse sonho na sua adolescência?*

— *Ele se repetia, não sei, talvez uma ou duas vezes por* mês. Mas quase que diariamente eu tinha outros sonhos semelhantes.

— *Certo. Conte-me então o seu sonho.*

— *Sonhei com a casa onde nasci e vivi os primeiros anos de minha infância. Era uma casa velha, rodeada de muitas árvores. Tinha um caminho estreito, como uma escada, que dava acesso a ela. Era final de tarde e já começava a escurecer. Estávamos eu e minha mãe dentro da casa. Ela na cozinha e eu um pouco mais afastado, como que em um quarto. De repente, sentia que algo, ou alguma coisa, se aproximava da casa. Era algo ameaçador e sua chegada trazia consigo uma grande angústia. Olhava pela janela e via uma espécie de cachorro muito grande; às vezes era um lobo e às vezes um lobisomem. Eu corria e tentava fechar as portas e as janelas da casa, mas era inútil. As portas e as janelas se abriam, quer de fora para dentro, quer de dentro para fora. Sentia um medo misturado com angústia. Olhava para minha mãe na cozinha e ela parecia imparcial. Queria protegê-la, mas como as portas e as janelas não fechavam, eu, em um arroubo de coragem e desespero, me lançava para fora da casa e começava uma luta corporal com o monstro. Entre mordidas e arranhões, sentindo às vezes que estava morrendo, eu acordava ofegante.*

— *Esse sonho foi antes ou depois de você ter sido quase mordido por Théo?*

— *Uns dois dias depois. Mas no dia anterior a esse sonho eu tinha assistido a um filme de vampiros e lobisomens*[206].

— *Certo. E o que você tem a me dizer sobre esse sonho?*

---

[205] Esse é o nome do pinscher que, segundo Epifânio, é um cão psicopata.

[206] A figura do lobisomem foi a materialização do maior medo que Epifânio pôde sentir em sua infância.

— O cenário do sonho mais parece uma lembrança, uma recordação de uma cena de minha infância. Exceto pelo monstro.

— Fale-me sobre essa cena.

— A casa de fato existia. Uma casa rodeada por árvores. Era uma chácara. Assim como no sonho, a casa tinha aspectos de velha. As portas e as janelas eram trancadas pelo interior por tramelas e elas, quando folgadas, de fato ficavam girando, o que tornava precária a segurança. Também a escada de fato existia e dava acesso à casa pelas árvores. Ao entardecer, minha mãe estava sempre na cozinha, fazendo café, e eu, quase sempre, estava por perto. Nesse horário, era comum meu pai chegar da rua, bêbado e agressivo, como de costume. Ele subia a escada assoviando, como que avisando de sua chegada, o que nos deixava em sinal de alerta, pois qualquer coisa era motivo para uma briga. Também, fato curioso, ele estava quase sempre acompanhado de seus cachorros, um branco chamado Tarzan e outro caramelo chamado Lec.

— Então você está associando a imagem do cachorro, ou do monstro, que se aproxima da casa como sendo seu pai?

— Sim.

— Você classificou seu pai como uma figura agressiva. Seu pai era agressivo com você?

— De certa forma, sim.

— De que forma?

— Não tenho lembranças de ter sido agredido fisicamente. Porém, eu tinha um medo terrível dele. A presença dele era sempre ameaçadora. Sua voz imponente impunha mais do que respeito, impunha medo. Todavia, o que nele mais me assustava era seu olhar e seu sorriso. Era um olhar severo.

— E por que o sorriso?

— Não sei.

— Sorrindo, ele mostrava os dentes. E o cachorro, quando ameaça morder, também mostra seus dentes.

— De fato.

— Ele também agredia sua mãe? Digo, fisicamente.

— Não. Mas era agressivo nas palavras.

— E suas irmãs eram agredidas por ele?

— Não fisicamente. Mas todos temíamos a presença dele.

— Qual foi a sensação que perdurou durante o dia em que sucedeu o sonho?

— Acho que foi a sensação de fracasso.

— Continue.

— No sonho, não consigo proteger minha mãe de seu agressor. Isso está simbolizado nas portas e janelas que não consigo fechar, pois elas se abrem de dentro para fora e de fora para dentro, sem contar que as tramelas estão frouxas. Afinal de contas, a casa é dele, e eu não posso impedi-lo de entrar. Queria poder protegê-la, ser o seu herói. Mas ele era mais forte do que eu.

— Então você fracassou em protegê-la?

— Sim.

— Certo. Ao que parece, esse sonho está muito claro para você.

— Sim. De um lado, está presente minha mágoa em relação ao meu pai; do outro, meu sentimento de inferioridade por não ter tido a força de defender minha mãe dele todas as vezes que ele chegava bêbado e agressivo.

Um sonho muito claro! Claro que não. Nenhum sonho é tão claro e lúcido, a não ser os de natureza infantil, haja vista que os desejos da criança são sempre manifestos anteriormente. Por exemplo, uma criança pode sonhar tomando um sorvete se durante o dia ela tenha manifestado tal desejo e este lhe tenha sido negado. Mas o sonho de Epifânio, apesar de lhe apresentar em sua forma infantil, não se trata de um sonho de uma criança e sim de um adulto, portanto, complexo e cheio de simbolismos. Sabendo disso, Sócrates resolveu aprofundar a compreensão que Epifânio aparentava possuir do seu sonho.

— Fale-me um pouco mais sobre a figura que está na cozinha.

— Trata-se de minha mãe.

— E como ela está em seu sonho? Digo, está tranquila ou aflita?

— No sonho, parece tranquila.

— Estranho. Como ela pode estar tranquila se o agressor se aproxima? Ela não estava com medo do monstro que se aproximava da casa?

— Parecia que não.

— Então o medo era seu e não dela?

— Sim. Quis fazer de tudo para que ele não entrasse na casa. Precisava defender minha mãe.

— Mas ela não estava com medo.

— Não. Mas eu não queria que ele entrasse na casa.

— Por quê?

— Para não atacar minha mãe.

— No sonho, você se vê como um adulto ou uma criança?

— Uma criança.

— Não é papel da criança proteger um adulto, mas é papel de um adulto proteger uma criança.

— Seria eu e não minha mãe que deveria ser protegido?

Como de costume, o doutor Sócrates não responde diretamente a uma pergunta, mesmo porque não se trata de uma pergunta, mas sim de uma afirmação feita pelo seu paciente. Então, ao invés de responder ao que lhe foi supostamente perguntado, o doutor Sócrates prosseguiu:

— Epifânio, imagine esta cena: uma criança que entra em luta corporal com um monstro para proteger sua mãe. Isso pressupõe que esta criança tenha superpoderes. Também pressupõe que sua mãe a veja com admiração. Mas, ao que parece, ela estava tranquila na cozinha. Ela estava indiferente à chegada do monstro ou à sua saída da casa ao encontro dele?

— Não entendo aonde o senhor quer chegar.

O doutor Sócrates nada disse, e Epifânio ficou por um tempo em silêncio, tentando organizar suas ideias. E aqui está um outro ponto importante no processo de análise: quanto mais se tenta organizar as ideias, mais elas se mesclam em uma teia de paradoxos que parecem não ter fim. Epifânio ultimamente tem se queixado da indiferença da Igreja em relação "à sua saída" do ministério. Hoje, falou que quase foi mordido por um cachorro raivoso de apenas meio quilo, mas que ele considera um monstro. Esse fato foi minimizado por sua namorada, que, além de defender o "monstro", dorme, segundo o próprio Epifânio, com ele na cama. Em seguida, começa a contar um sonho que teve e que lhe era pertinente na sua adolescência. No sonho narrado, ao que tudo indica, estava presente seu sentimento de fracasso em não conseguir defender sua mãe do monstro agressor que, segundo ele, se tratava de seu pai.

Agora vejamos: primeiro, ele acusa aquela a quem ele chama de "Mãe", a Igreja, de ser indiferente à sua saída do ministério. Depois, se irrita com um pobre pinscher de nome Théo (Deus-Pai), a quem acusou de ser um monstro e, pelo fato de odiar a tudo e a todos, ele aconselharia a fazer análise[207]. Em seu sonho, o cachorro está presente, só que desta vez representando seu pai, agressivo, que ao chegar em casa agrediria sua mãe, a quem ele queria proteger, pois a amava, mas, palavras dele ao narrar o sonho, "ela parecia imparcial", ou seja, indiferente. E aqui o doutor Sócrates percebeu uma questão que precisava ficar esclarecida, a saber: ela estava indiferente com a chegada do monstro ou com a saída de Epifânio? O que de fato incomodou a ele não seria a indiferença dela mediante o risco que ele estava correndo ao sair da casa para defendê-la do monstro?

Será que Epifânio não esperava daquela figura "imparcial" um apelo para que ele não saísse? E Letícia? Não deveria também ter se importado com o ataque que ele sofreu do monstro de meio quilo? E, além de fazer pouco caso do ataque cruel sofrido por Epifânio, ela ainda acolhe o agressor em sua cama!

Estaria Epifânio sentindo-se fracassado por não ter defendido sua mãe, ou estaria ele ressentido pela sua indiferença? O monstro que estava se aproximando da casa não assustava sua mãe e, como o próprio Epifânio disse ao comentar seu sonho, a casa era dele, como também a prioridade da atenção de sua mãe e, mais ainda, o lugar na cama dela pertencia a ele. "Mas ele não merece esse lugar, ele é um monstro", essa poderia muito bem ser a conclusão a que Epifânio teria chegado de forma inconsciente. "Que injustiça!", certamente era seu juízo em relação a tudo isso, pois ele era um bom filho, fazia tudo para agradar a sua mãe, lhe era obediente e, no entanto, a quem ela acolhia em sua cama? Um monstro!

"Fiz a coisa certa e me considero punido", afirmou ele em relação à Igreja, que, no papel de Mãe, tem agido com indiferença em relação a ele, mas acolhe em seu seio os que vivem na hipocrisia. Ele é um monstro e, no entanto, a casa é dele e a cama da mãe também. Ele quase me mordeu, e ela fez pouco caso.

O sonho parece ter sido produzido por este sentimento de preterimento que marcou a infância de Epifânio. Não nos esqueçamos de que ele

[207] Coisa muito comum nas pessoas depressivas é a perda de estima por si e pelos outros.

era o único filho homem, ou seja, existiam dois homens na vida de sua mãe, e o que aparentemente levava vantagem era aquele que não merecia seu amor. Esse sentimento infantil que o marcou profundamente encontrou nos acontecimentos presentes uma nova ocasião de aflorar. Tratado com indiferença pela Igreja (Mãe), que aparentemente não se incomodou com a sua "saída", e, ao que tudo parece, com certo descaso por parte de Letícia ao acolher em sua cama o agressor[208].

Mas tudo isso são apenas conjecturas que se passaram na cabeça do doutor Sócrates. Ao que tudo indica, ele estava enxergando neste sonho o "complexo de Édipo". O que estava em jogo era o suposto ódio pelo pai que chegava e tomava o lugar desejado pelo filho ao lado da mãe. O medo não era, neste caso, de que a mãe fosse agredida pelo pai; o medo era da suposta rejeição que ele sofreria por parte da mãe.

O complexo de Édipo é, nas palavras de Teresinha Costa, "a metáfora que Freud utiliza para abordar a inscrição da castração e da lei simbólica no psiquismo de cada sujeito"[209]. Nasio acreditava que o complexo de Édipo, tal como pensado por Freud, respondia a duas questões fundamentais: "como se forma a identidade sexual de um homem e de uma mulher e como uma pessoa torna-se neurótica"[210].

É mister salientar, portanto, que as ideias de Freud em relação à sexualidade na infância surgiram a partir de suas observações clínicas[211]. Assim como é próprio dos grandes mestres, ele buscou em si evidências que poderiam ser aplicadas de forma objetiva, sem, contudo, desprezar a subjetividade de cada indivíduo. É próprio dos grandes pensadores – foi assim com Sócrates[212], com Agostinho, com Pascal e outros – um olhar sobre si, como sendo

---

208 Apesar de já estarem tendo relações sexuais, Epifânio não dormia na casa de Letícia, pois, não tendo ainda oficializado a relação deles, ao que parece, Letícia ainda não havia conversado sobre esse assunto com seus filhos, principalmente o seu filho adolescente. Então, quem oficialmente dormia na cama de Letícia era o terrível e ciumento Theo.

209 COSTA, T. **Édipo**. Rio de Janeiro: Jorge Zahar, 2010. p. 17.

210 NASIO, J-D. **Édipo**: o complexo do qual nenhuma criança escapa. Tradução de André Telles. Rio de Janeiro: Jorge Zahar, 2007. p. 67.

211 Disso decorre que se trata de uma "arqueologia da psique", uma vez que ele buscou, a partir do adulto, descobrir neste os vestígios de um processo que, em sua essência, é a constituição do sujeito e que se iniciou na infância. Não foi observando a criança que Freud descobriu as causas das neuroses no adulto, mas observando o adulto neurótico ele chegou às causas, e estas possuíam suas raízes na infância.

212 Filósofo das ágoras e dos banquetes de Atenas, homônimo do nosso analista.

um laboratório original, para então olhar o outro a partir do princípio da semelhança, ou como poderíamos dizer, da solidariedade humana universal.

O fato é que, para além das críticas atuais que se possam fazer a Freud, pouco se demonstra daquilo que pode ser considerado uma superação de suas ideias acerca da sexualidade na criança. Sua teoria sobre o desenvolvimento sexual, as fases pelas quais estas atravessam e suas consequências são perceptíveis, após um século com Freud, quase que a olho nu, povoando inclusive o imaginário popular.

Dentro da teoria da sexualidade infantil, o complexo de Édipo ocupa um lugar de destaque. É quase impossível encontrar alguém que não se arrisque a falar sobre este tema, pretendendo haver algum conhecimento a seu respeito. É claro que, entre o imaginário popular e o conhecimento científico acadêmico, existe um abismo. No entanto, é de se observar a grandeza do alcance desta teoria que atravessou um século, permeou outros conhecimentos, recebeu todas as formas de críticas e, permanece, todavia, atual, contundente e demonstrável.

Freud apresenta sua teoria do complexo de Édipo em sua obra *A Interpretação dos Sonhos*. Nela lê-se:

> Apaixonar-se por um dos pais e odiar o outro figuram entre os componentes essenciais do acervo de impulsos psíquicos que se formam [na infância] e [em crianças destinadas a se tornar neuróticas] são tão importantes na determinação dos sintomas da neurose posterior. Essa descoberta é confirmada por uma lenda da Antiguidade clássica que chegou até nós: uma lenda cujo profundo e universal poder de comover só pode ser compreendido se a hipótese que propus a respeito da psicologia infantil tiver igualmente validade universal. O que tenho em mente é a lenda do Rei Édipo e a tragédia de Sófocles, que traz seu nome[213].

O complexo de Édipo se manifesta na criança durante a fase fálica, ou seja, fase em que a atenção da criança se volta para os genitais. Esta fase, nos diz Nasio, "precede o estado final do desenvolvimento sexual, isto é, a organização sexual definitiva"[214]. No curso da fase fálica, as atenções do menino voltam-se para seu pênis, uma vez que o objeto real serve de base para o objeto fantasiado.

---

213 FREUD, {1900} 2019a, p. 261.

214 NASIO, 1999, p. 62.

No começo da fase fálica, meninos e meninas acreditam que todos possuem o falo. A diferença entre os sexos é entendida a partir da posse ou não do falo. Ao entrar no Édipo, o menino passa a manipular seu pênis, e suas fantasias dizem respeito à sua mãe. Com a intervenção paterna e a percepção de que o corpo feminino é privado do falo, o menino acaba por renunciar à posse da mãe enquanto objeto de seu prazer. O afeto em torno do qual o Édipo masculino se organiza, escreve Nasio: "se organiza, culmina e chega ao deslanche é a angústia; a chamada angústia de castração"[215].

Ainda segundo Nasio: "Na primeira etapa da formação do Édipo, reconhecemos dois tipos de ligação afetiva do menino: um apego desejante pela mãe, considerada como objeto sexual, e, sobretudo, um apego ao pai como modelo a ser imitado"[216]. A passagem pelo Édipo se dá quando o menino acaba por renunciar seu objeto de desejo, a saber, a mãe, para submeter-se à lei da proibição universal do incesto, lei que possui o pai como representante. A punição prevista, caso o menino não renuncie ao desejo pela mãe, é a perda do falo. Daí, como escreve Nasio: "(o menino) terá que escolher entre salvar seu pênis e renunciar à mãe ou não renunciar à mãe, mas sacrificar seu pênis"[217]. O caminho natural é a renúncia ao objeto de desejo e, assim, preservar a integridade física. Nesse caso, nota-se que o amor narcísico é maior que o amor objetal.

Não podemos, todavia, aplicar as mesmas regras e conceitos da sexualidade do adulto à sexualidade infantil. Vale lembrar que o foco da sexualidade infantil está em seu próprio corpo, ao passo que o foco da sexualidade de um adulto está no corpo do outro. Um exemplo disso é a masturbação praticada por uma criança e a masturbação praticada por um adulto. Não há na fantasia da criança a presença de um outro corpo como fonte de seu desejo. O adulto, ao contrário, ao masturbar-se, dirige sua fantasia ao corpo de outra pessoa.

Assim, é um equívoco afirmar que o menino deseja sexualmente sua mãe. Ele a deseja como objeto de seu prazer, mas a deseja como um todo, e não parte dela. Quando falamos de complexo de Édipo, estamos falando de uma realidade psíquica que se constitui de forma "complexa" e não "simplória",

---

[215] *Ibidem*, p. 64.

[216] *Ibidem*, p. 66.

[217] *Ibidem*, p. 68.

como é entendida pelo senso comum. Teresinha Costa, no livro citado, afirma que: "Freud explica a diferença entre a sexualidade infantil e a adulta, não pela primazia dada ao genital (o pênis), mas pela primazia dada ao falo [...]"[218].

Dizer que o menino deseja a mãe não é o mesmo que dizer que ele deseja um coito. Mas não deixa de ser um desejo erótico, enquanto se é uma busca de prazer proporcionada pelo corpo da mãe: o colo, o abraço, os seios, a presença e, diria, sobretudo, o olhar desejante. Nasio, referindo-se ainda ao complexo de Édipo, nos diz que: "No fundo, o Édipo nos serve para compreender como um prazer erótico apodera-se de uma criança de quatro anos para se transformar em um sofrimento neurótico que atormenta o homem ou a mulher de quarenta anos que ele se tornou"[219].

Sei que toquei aqui em um tema deveras complexo, todavia me valho do que disse na introdução, a saber, não tenho a pretensão de escrever um manual ou um livro de introdução à psicanálise.

Epifânio já estava em silêncio há um bom tempo quando o doutor Sócrates resolveu provocá-lo.

— *Você disse que seu sonho parecia mais uma lembrança, uma cena de sua infância. Quando seu pai chegava em casa, sua mãe continuava lhe dando a mesma atenção?*

— *Não. Ao contrário. Ela mandava que eu e minhas irmãs fôssemos para o quarto e que não fizéssemos barulho.*

— *Como você se sentia?*

— *Amedrontado.*

— *Ele chegava agressivo?*

— *Pelo que me lembro, ele estava sempre alterado. Mas não nos agredia. Não, ao menos, fisicamente. Porém, a chegada dele era sempre um momento de tensão, principalmente se eu ou uma de minhas irmãs tivéssemos aprontado alguma coisa, pois vivíamos sob a ameaça de minha mãe. Ela vivia nos ameaçando, dizendo que contaria tudo o que aprontamos para nosso pai. E quando isso acontecia, ele nos dava um bom esporro, mas não nos agredia fisicamente.*

As mães são clássicas nessa prática... (a Igreja também vive ameaçando seus filhos com o castigo do Pai...)

[218] COSTA, 2010, p. 31.

[219] NASIO, 2007, p. 67-68.

— Você se lembra de algum gesto de carinho da parte de seu pai?

— Ele não era muito carinhoso, mas sim, do jeito dele, ele demonstrava que nos amava.

— De que jeito?

— Ele era muito protetor.

— Ele brincava com você ou com suas irmãs?

— Brincar era mais difícil. Mas me recordo de uma brincadeira que ele fazia com minha irmã caçula. Ele imitava um cachorro e fingia que ia mordê-la. E ela sorria muito com isso.

— Ele brincava assim com você também?

— Não que eu lembre. Mas possivelmente sim.

Depois de algum tempo calado, Epifânio disse:

— Certamente sim. Isso explicaria a associação que eu faço entre ele e o cachorro. Também explicaria o medo que eu tinha quando ele sorria e mostrava os dentes. Inclusive, agora estou me recordando de um outro sonho muito comum na minha infância. Sonhava que estava sendo perseguido por um cachorro e, de repente, sentindo que seria alcançado por ele, eu dava um salto e começava a voar. Mas antes que eu ganhasse altura o suficiente para escapar dele, ele também saltava e conseguia me morder. E a mordida era justamente nos meus testículos. Acordava apavorado.

— Voar é muito recorrente em seus sonhos[220]*. Mas por que você acha que o cachorro mordia exatamente em seus testículos?*

— Não sei.

— Seu pai já disse, por brincadeira, que lhe caparia?

— Não que eu lembre. Mas ele criava porcos e os capava para que eles engordassem. Um dia, meu tio lhe perguntou se ele havia me capado também, pois eu estava bem gordinho. Por um tempo, eu acreditei ter sido capado e perguntava à minha mãe se isso de fato havia acontecido, mas ela ria dizendo: "Deixe dessa bobagem".

A fantasia da castração é um conceito central na psicanálise, ao lado do complexo de Édipo. Citando Nasio, a castração "[...] designa uma expe-

[220] É um sentimento infantil, revela baixa autoestima, ressentimento ou necessidade de chamar a atenção de alguém.

riência psíquica completa, inconscientemente vivida pela criança por volta dos cinco anos de idade, e decisiva para a assunção de sua futura identidade sexual"[221]. Ela acontece a partir do momento em que o menino reconhece a diferença anatômica entre o homem e a mulher e, sobretudo, a partir de uma interdição do pai em seu desejo pela sua mãe.

Se a criança não for interditada em seu pretenso projeto de posse da mãe, ela poderá não se constituir na neurose. Por outro lado, ainda que a interdição aconteça, e que a criança passe pela angústia da castração, que vale dizer, nas palavras de Nasio que "A angústia de castração [...] não é efetivamente sentida pelo menino, pois é inconsciente"[222], se não for vivenciada de forma saudável, a criança pode desenvolver um apego ou um sentimento de posse em relação à mãe, que depois irá reverberar em suas futuras relações afetivas, materializando-se em sentimentos de posse, ciúmes excessivos, atitudes violentas e agressivas.

— *Você questionava sua mãe quanto a uma possível castração, o que seria para você uma agressão física por parte de seu pai, e ela sorria considerando seu medo uma bobagem. Como você se sentia em relação a esta atitude dela?*

— *Não sei. Não me recordo totalmente, eu era muito novo. Mas eu de fato tinha muito medo de ser agredido por meu pai.*

— *Sua mãe já lhe defendeu alguma vez do seu pai enquanto ele brigava com você?*

— *Não que eu me recorde. Ela também tinha muito medo dele.*

— *E, no entanto, sorria e dizia ser uma bobagem quando você a questionava sobre ter sido ou não capado por seu pai?*

— *Sim. Acho que ela achava engraçada minha preocupação.*

— *Ela ria do seu medo.*

— *O senhor poderia ser mais claro. Não entendo suas conjecturas.*

— *Você expressou seu medo à sua mãe e ela, digamos, fez pouco caso. Você renunciou ao ministério alegando questões de saúde e, você mesmo disse, a Igreja também fez pouco caso. Um cachorro quase lhe morde e sua namorada Letícia igualmente faz pouco caso. O que você acha disso?*

---

[221] NASIO, 2012, p. 13.

[222] *Ibidem*, p. 17.

Epifânio ficou calado por um bom tempo. Então, o doutor Sócrates voltou a provocá-lo:

— *Você tem se sentido um degradado filho de Eva. Você não se sente predileto?*

— *Nunca fui predileto. Nunca fui a primeira opção na vida de alguém.*

— *Isso lhe faz falta? Faz você sentir-se menos amado?*

Deitado no divã, Epifânio parecia não ter mais o que dizer. As palavras se demonstravam vazias e inúteis para expressar a falta que ele trazia dentro de si. O doutor Sócrates aproveitou seu silêncio e anunciou o fim da sessão.

A "falta" é constitutiva do ser humano, é ela que nos define, pois é fonte inesgotável do "desejo" inominável, que, por sua vez, nos confere uma identidade e uma subjetividade. Ter um autoconhecimento é saber dos próprios desejos que, por sua vez, nos remete ao único e não sabível desejo primordial no qual somos constituídos. E é a forma como lidamos com nossos desejos que nos posiciona na realidade como sujeitos neuróticos, psicóticos ou perversos.

A patologia não é outra coisa senão o sintoma, o grau de intensidade da manifestação do desejo em nós. Sofremos por ser o que somos e o sofrimento faz parte daquilo que nos tornamos. Lidar com o sofrimento é lidar com nós mesmos. Sofremos porque somos faltantes, incompletos, "animais prematuros", como afirmou Lacan. Sabemos da "falta" e do "desejo", mas nada sabemos de seu objeto. Passamos toda a nossa vida na busca de algo que não temos a menor ideia do que seja, e assim, as nomeamos como sendo amor, amizade, profissão, fama, poder, posses, filhos, enfim, não sabemos o que de fato buscamos, todavia buscar é nossa condenação. Somos condenados a procurar por um objeto perdido que, pela sua própria natureza, não pode ser encontrado.

Filósofos, poetas e artistas conhecem muito bem do que estou falando. Muitos chamaram de vazio existencial, niilismo, ausência, abertura para o infinito, entre outros nomes e conceitos. É essa falta que nos move, ela é uma "pulsão" que coloca em movimento nossa existência e que fecunda nossa alma. Mas, quando ela ultrapassa nosso limite existencial, ela nos condena a uma tristeza e a uma frustração mortal. Somos seres insatisfeitos.

Nossa maior ilusão é acreditar que "o que nos falta" pode ser encontrado no "Outro". Por isso, tememos tanto a solidão, o abandono, a rejeição, a indiferença, a ausência do Outro, enfim. E, paradoxalmente, essa ilusão é o que nos leva ao mais próximo possível do que tanto buscamos. Por isso, nos apegamos tanto a pessoas, mães, pais, filhos, amigos e amores. E se, de um lado, o nosso desejo nos move, o desejo do outro nos dá estabilidade e nos confere um lugar no mundo. "Como se sente segura a pessoa que sabe que é amada", disse Freud. Ser amado, ser desejado por um outro é o que nos mantém na realidade.

E, no entanto, o amor do outro é um tirano. Amar é buscar exercer um controle sobre o outro. Pessoas extremamente carentes são facilmente manipuladas pelo desejo alheio. Quando acreditamos que alguém nos ama, nos sentimos mais seguros, então, tudo o que buscamos é ser amados.

"Você não se sente predileto?", pensava Sócrates em sua própria pergunta enquanto cumpria seu ritual diante de sua cafeteira. Já sentado, com a xícara na mão, ele suspirou profundamente e repetiu mais uma vez: "Você não se sente predileto", só que dessa vez ele não colocou seu pensamento em forma de pergunta, mas de afirmação, enquanto lembrava de sua numerosa família, da qual ele é o oitavo de onze filhos; de sua mãe amorosa, mas um tanto descuidada, devido à quantidade de filhos que deveria dar conta; de seu pai agressivo e autoritário; enfim, sentir-se preterido não era exclusividade de seu analisando distímico.

Antes de chegar ao carro, Sócrates tentou pela quarta vez uma ligação:

— *Oi, nossa, já liguei para você três vezes* – disse ele assim que Helena atendeu sua chamada.

— *Você se esqueceu que agora, no final da tarde, eu tinha que acompanhar meu pai a uma consulta?*

— *Não. É que pensei que vocês já estavam em casa.*

— *Acabamos de chegar.*

— *E ele já vai embora amanhã mesmo?*

— *Não sei. Queria que ele ficasse mais alguns dias.*

Não vou nem comentar a expressão que Sócrates fez quando Helena falou da possibilidade de seu pai permanecer por mais alguns dias com ela. O final de semana se passou e eles não puderam se encontrar. Sofia também não pôde aparecer, pois estava viajando com sua mãe. "O jeito vai ser eu adotar um cachorro", disse ele, dirigindo de volta para casa e se sentindo o mais solitário dos homens.

SESSÃO: "VIDA QUE SEGUE"

Alguns meses já se passaram desde a sessão na qual Epifânio havia dito ter conhecido uma pessoa por quem estava se enamorando. E exatamente há três sessões[223] ele narrou sua primeira experiência sexual com ela e, ao que tudo indica, o relacionamento deles está se configurando para algo sério e permanente.

Depois, nas sessões que se seguiram, ele se concentrou em analisar e compreender sua nova realidade e, principalmente, a forma como ele tem se sentido ao vivenciar uma experiência da qual se considerava incapaz. Por um tempo, ele havia desfocado do tema de seu afastamento do ministério, mas na semana passada esse tema retornou graças ao fato de ter recebido uma carta na qual o santo padre o dispensava de seus votos sagrados.

— A carta me foi entregue no sábado. O bispo me convocou na cúria e fez questão de lê-la comigo. E foi uma leitura difícil.

— Por que difícil?

— A carta traz consigo uma dureza incompatível com aquela maternidade atribuída à Igreja. Palavras severas nas quais a legalidade se sobressai à maternidade. Apesar de não ser dito de forma explícita, a impressão que tive foi de ter cometido um grave crime contra a Igreja. Naquele momento, questionei-me se de fato fiz a coisa certa e se não teria sido melhor ter feito como muitos padres o fazem, mantendo uma vida dupla. A impressão que tive foi a

[223] Essa sessão omitiremos do nosso relato.

de que quem tenta fazer a coisa certa é punido. Mas, acima das duras palavras da carta, estava minha consciência diante de Deus. E jamais trocaria a paz de minha consciência pela duplicidade e hipocrisia que, na maioria das vezes, o corporativismo acoberta.

Epifânio ainda refletiu sobre o quanto o desprezo da Igreja e dos colegas do clero poderia representar uma fonte de sofrimento para ele e, é claro, o quanto de responsabilidade lhe cabia por essa situação. Normalmente, quem cai espera encontrar uma mão que o ajude a levantar-se; por outro lado, a queda pode ser vista por outros como justa punição a quem tentou, por arrogância, se equilibrar em um abismo ignorando a placa de aviso.

— *Às vezes, tenho a impressão de que a Igreja quer nos esconder, como se de alguma forma representássemos uma ameaça ou, o que é mais provável, um constrangimento. Isso fica claro na carta quando sou aconselhado a viver longe do lugar no qual exerci o meu ministério. Como se eu fosse causa de vergonha para ela.*

Mas, aos poucos, ele começou a compreender que aquilo que ainda lhe incomodava, sobretudo em relação à postura da Igreja, fazia parte de um contexto muito mais amplo e que, de alguma forma, permeava suas relações. Também, os sentimentos que trazia consigo de culpa, vergonha, falência, entre outros que se produziram ou se intensificaram por ocasião de sua desistência do sacerdócio, tinham muito mais a ver com a forma como ele se autopercebia do que de fato com a forma como os outros o percebiam.

— *Minha saída do ministério em nada afetou a Igreja, nem o clero, nem os fiéis, pois tudo permaneceu e continuou seguindo seu curso natural. O único de fato afetado fui eu mesmo. Então, se alguém tinha que se adaptar à nova realidade, esse alguém era eu. O sentimento de culpa e vergonha estão em mim, de forma que lidar com eles é uma questão que cabe somente a mim* – disse ele na semana passada.

A verdade é que Epifânio viu muitas portas se fechando à sua frente. Portas que ele pensava, ingenuamente, que estariam sempre abertas. Outras, como era de se esperar, se abriram.

— *A indiferença e o juízo cruel de alguns me fizeram repensar os modelos de relacionamentos que vamos construindo ao longo de nossa vida.* – Foi o que ele disse. — *Uma coisa a este respeito devo ainda dizer: nem todos os anjos que*

Deus colocou em minha vida, antes e depois do ministério, são católicos. Houve anjos espíritas, protestantes, e até ateus – acrescentou.

Ele, enfim, começou a compreender que algumas ideias fixas que lhe causavam dor e sofrimento correspondiam muito mais a uma determinada fantasia do que à realidade de fato. Às vezes, para aceitar que mudamos, precisamos que os outros nos digam que está tudo bem e que ainda somos aceitos e acolhidos apesar de nossas mudanças.

A partir desta sessão, ele foi abandonando o tema de sua desistência do ministério sacerdotal e o tema da depressão passou a ocupar um lugar central em seus discursos. Não que o tema tenha se esgotado ou tenha chegado a conclusões definitivas e satisfatórias, mas essa é uma característica própria do processo analítico, se quisermos entender determinadas questões, é preciso inseri-las em um contexto mais amplo.

O que se começou a discutir na presente sessão eu irei omitir neste livro, pois, sendo o tema de outra natureza, não fui autorizado a narrar e, portanto, não quero extrapolar os limites de minha missão, nem ser indiscreto no tocante à vida alheia. Cabe-me agora somente agradecer a Epifânio pela confiança em mim depositada e desculpar-me com ele e com os possíveis leitores, ao menos os que até aqui chegaram, se não cumpri minha tarefa a contento do esperado. E, se estão ainda lembrados do que disse na introdução, a frustração foi posta como uma possibilidade ao fim desta leitura.

Quanto a Sócrates, teria muitas coisas a dizer ainda sobre ele, principalmente do quanto essa jornada de escuta mexeu com suas convicções religiosas, ou melhor, ateias. Quem sabe um dia serei autorizado a escrever sobre isso. Todavia, não posso deixar sem registro o fato de que o mérito de ter despertado uma possibilidade de reconciliação entre Sócrates e Deus não deve ser dado totalmente a Epifânio, mas, sobretudo, à sua filha Sofia, pois, graças a ela, Sócrates, vez ou outra, era obrigado a ir à missa. E foi justamente em uma dessas idas obrigatórias que ele foi profundamente interpelado pelo testemunho de um jovem padre que, assim como ele, havia rompido relações com Deus, graças a uma experiência de abandono diante da morte de uma pessoa amada.

Estou me referindo à missa de posse do novo pároco da paróquia que Sofia frequenta e faz parte do coral infantil. Por muita insistência dela, Sócrates resolveu dar o ar da graça nessa missa, pois ela participaria do coral, e como ela mesma disse uma vez: "Você me inspira a cantar melhor". Qual pai não se derreteria com uma linda declaração de amor de sua filha? "Paris vale uma missa", disse Henrique IV que teve que se converter ao catolicismo a fim de reinar na França. "Sofia vale uma missa", dizia Sócrates parafraseando o rei. "Ela canta como um rouxinol", pensava ele, e seus olhos brilhavam.

O novo pároco logo chamou a atenção de todos, a princípio pela sua baixa estatura, e depois pela eloquência e entusiasmo, próprios dos recém-ordenados. Foi uma missa alegre, bem cantada, e não poderia ser diferente. Sofia estava no coral e isso já era sagrado o suficiente para Sócrates. Mas psicanalistas dificilmente se dão folga e dizem as más línguas que eles não conseguem deixar suas mentes aguçadas em repouso no consultório e vão por aí arrastando-as por todos os lugares. Sócrates não foge à regra. Olhava para o jovem padre entusiasmado e não pôde deixar de notar seu incômodo ao ser abraçado pelas pessoas. "Ele não gosta muito de ser tocado", pensou o analista, que teria levado adiante a criação de uma hipótese, se não tivesse sido interrompido por Helena que o cutucava e dizia:

— *Ela está tão linda, parece um anjo!*

— *Sim, canta e encanta minha Sofia* – respondeu o "pai coruja", desfocando do pobre padre que, de tanto abraçarem-no, parecia uma laranja espremida.

No final da missa, coube ao padre dizer algumas palavras. Ele começou falando um pouco de sua história e do quanto lhe foi difícil concluir a sua formação, devido a uma crise de fé por ocasião da morte de seu irmão caçula.

— *Ele tinha apenas 3 anos. Era um anjinho. Rezei por dias pela sua cura, fiz promessas para Nossa Senhora curá-lo e, no fim, ele morreu. Senti-me abandonado por Deus. Senti também que minhas orações e meus sacrifícios de nada serviam. Revoltado, decidi abandonar o seminário, e faltava apenas um ano e meio para que eu concluísse a Teologia.*

Então, ele dedicou alguns minutos para falar de como viveu sua revolta e seu ressentimento nesse período de ateísmo e de deserto espiritual. Mas, como ele mesmo disse, lá fora também não encontrou as respostas que tanto procurava.

— *Não suportei o silêncio e o vazio no qual me lancei. Não consegui suportar a solidão do meu ateísmo revoltado. Então, decidi voltar.*

Ele levou adiante seu discurso por mais alguns minutos. E uma coisa eu não pude deixar de notar: Sócrates estava, pasmem, atento e acompanhando a fala do sacerdote com tanta atenção que era possível perceber sua mão direita um tanto inquieta, como se quisesse tomar nota de alguma coisa. Fato é que as palavras do neossacerdote pareciam alcançar Sócrates de uma forma que até então nenhuma mensagem religiosa o havia alcançado. É bem verdade que ele já vinha, de uma certa forma, incomodado, em um bom sentido, com a posição de Epifânio que, apesar de tudo, não havia renegado sua fé, nem mesmo deixado de acreditar na Igreja.

O discurso do padre recém-empossado não descreverei aqui, nem mesmo os motivos que, segundo ele, o fizeram retornar para "casa", usando um de seus termos. No entanto, seus argumentos mexeram com Sócrates. E como sei disso? Porque Sócrates aumentou consideravelmente suas idas à missa nos fins de semana, claro, com a desculpa de que ia para ver Sofia cantando. Mas nem todos os domingos Sofia participava do coral. E mesmo assim, ele lá estava, sentado de mãos dadas com Helena.

Particularmente, eu sempre acreditei que existe uma "beleza" no retorno; um motivo para festa, pois o regresso não é mais o mesmo, ele mudou. O que retorna é um novo homem, totalmente diferente daquele que foi, pois "ele estava morto e tornou a viver; ele estava perdido e foi reencontrado"[224].

Existe mais beleza no retorno do que na permanência. O que permaneceu não evoluiu, acomodou-se e ressentiu-se. Ele permanece junto ao Pai, mas não aprendeu com o Pai, não lhe era semelhante[225]. O que foi voltou mais humano e, certamente, mais capaz de acolher e compreender as fraquezas dos outros. Ele fez uma profunda experiência de misericórdia do Pai e isso, com certeza, o tornará igualmente misericordioso. Havia tanta humanidade nas palavras daquele pequeno sacerdote, que foi capaz de se fazer compreensível até para uma mente humanisticamente ateia como a de Sócrates.

Dele não se pode cobrar que tenha se tornado um católico fervoroso. Mas que ele passou a olhar de uma forma diferente para aquela minúscula imagem de Nossa Senhora da Piedade, que em seu consultório, em meio aos livros, servia como peso de papel, isso sim, aconteceu. Hoje, quem entrar

[224] *Cf.* **Lc 15, 32.** BÍBLIA [...], 2006, p. 1817.

[225] *Idem.*

em seu consultório verá, um pouco afastada dos livros, a Piedade segurando seu filho sem vida nos braços, como um sinal de esperança, uma chama levemente opaca tremulante na escuridão.

REFERÊNCIAS

AGOSTINHO. **Le Confessioni.** Testo latino a fronte. Traduzione di Carlo Vitali. Milano: BUR, 2003.

AGOSTINHO. **Le Confessioni**. Traduzione a cura de Aldo Landi. 10. ed. Milano: Paoline, 2004.

AMERICAN PSYCHIATRIC ASSOCIATION. **Manual diagnóstico e estatístico de transtornos mentais DSM-5.** Tradução de Maria Inês Corrêa Nascimento *et al.* 5. ed. Porto Alegre: Artmed, 2014.

BÍBLIA de Jerusalém. Nova edição, revista e ampliada. 4. impr. São Paulo: Paulus, 2006.

BIRMAN, J. **O sujeito na contemporaneidade**: espaço, dor e desalento na atualidade. Rio de Janeiro: Civilização Brasileira, 2012.

BRAGA, E. **A dor vivível dos homens invisíveis**: o fenômeno do suicídio entre padres, pastores e pastoras no Brasil. São José dos Pinhais: Editora Cenáculo, 2023.

CLASSIFICAÇÃO de Transtornos Mentais e de Comportamento da CID-10. Descrições clínicas e diretrizes diagnósticas. Porto Alegre: Artmed, 2018.

COSTA, A. **Sonhos**. Rio de Janeiro: Jorge Zahar, 2006.

COSTA, T. **Édipo**. Rio de Janeiro: Jorge Zahar, 2010.

DAVID, S. N. **Freud e a Religião**. Rio de Janeiro: Jorge Zahar, 2003.

DECRETO Presbyterorum Ordinis. Sobre o ministério e a vida dos presbíteros. *In:* DOCUMENTOS do Concílio Ecumênico Vaticano II (1962-1965). São Paulo: Paulus, 1997.

FREUD, S. Conferências introdutórias à psicanálise {1916-1917}. *In:* FREUD, S. **Obras completas (1916-1917)**. Tradução de Sergio Tellaroli. São Paulo: Companhia das Letras, 2014. v. 13.

FREUD, S. Análise fragmentária de uma histeria (O caso Dora, 1905 {1901}). *In:* FREUD, S. **Obras completas (1901-1905)**. Tradução de Paulo César de Souza. São Paulo: Companhia das Letras, 2016a. v. 6.

FREUD, S. **O mal-estar na civilização.** Tradução de Paulo César de Souza. São Paulo: Penguin Classics Companhia das Letras, 2016b.

FREUD, S. O chiste e sua relação com o inconsciente. *In:* FREUD, S. **Obras completas (1905)**. Tradução de Fernando Costa Mattos e Paulo César de Souza. São Paulo: Companhia das Letras, 2017. v. 7.

FREUD, S. Atos obsessivos e práticas religiosas. *In:* FREUD, S. **Obras completas (1906-1909)**. Tradução de Paulo César de Souza. São Paulo: Companhia das Letras, 2018. v. 8.

FREUD, S. A Interpretação dos Sonhos (1900). *In:* FREUD, S. **Obras completas (1900)**. Tradução de Paulo César de Souza. São Paulo: Companhia das Letras, 2019a. v. 4.

FREUD, S. O Método psicanalítico de Freud {1904}. *In:* FREUD, S. **Obras completas (1901-1905)**. Tradução de Paulo César de Souza. São Paulo: Companhia das Letras, 2019b. v. 5.

FREUD, S. Três ensaios sobre a sexualidade. *In:* FREUD, S. **Obras completas (1901)**. Tradução de Paulo César de Souza. São Paulo: Companhia das Letras, 2019c. v. 6.

FREUD, S. Cinco lições de psicanálise. *In:* FREUD, S. **Obras completas (1909-1910)**. Tradução de Paulo César de Souza. São Paulo: Companhia das Letras, 2019d. v. 9.

FREUD, S. Observação sobre um caso de neurose obsessiva (O homem dos ratos). *In:* FREUD, S. **Obras completas (1909-1910)**. Tradução de Paulo César de Souza. São Paulo: Companhia das Letras, 2019e. v. 9.

FREUD, S. Complemento metapsicológico à teoria dos sonhos. *In:* FREUD, S. **Obras completas (1915-1916)**. Tradução de Paulo César de Souza. São Paulo: Companhia das Letras, 2019f. v. 12.

FREUD, S. Uma dificuldade da psicanálise {1917}. *In:* FREUD, S. **Obras completas (1917-1920).** Tradução de Paulo César de Souza. São Paulo: Companhia das Letras, 2019g. v. 14.

FREUD, S. Princípios básicos da psicanálise (1913). *In:* FREUD, S. **Obras completas (1911-1913).** Tradução de Paulo César de Souza. São Paulo: Companhia das Letras, 2020. v. 10.

FREUD, S. Sobre os Sonhos (1901). *In:* FREUD, S. **Obras completas (1901).** Tradução de Paulo César de Souza. São Paulo: Companhia das Letras, 2021a. v. 5.

FREUD, S. O Eu e o Id (1923). *In:* FREUD, S. **Obras completas (1923-1925).** Tradução de Paulo César de Souza. São Paulo: Companhia das Letras, 2021b. v. 16.

FREUD, S. A questão da análise leiga: diálogo com um interlocutor imparcial (1926). *In:* FREUD, S. **Obras completas (1926-1929)**. Tradução de Paulo César de Souza. São Paulo: Companhia das Letras, 2021c. v. 17.

GARCIA-ROZA, L. A. **Freud e o Inconsciente**. 31. reimp. 2. ed. Rio de Janeiro: Jorge Zahar, 2020.

LAPLANCHE, J.; PONTALIS, J.-B. **Vocabulário de psicanálise**. 4. ed. São Paulo: Martins Fontes, 2016.

MATRIX Reloaded. Direção: Lana Wachowski, Lilly Wachowski. Produção: Joel Silver. Estados Unidos: Columbia Pictures, 2003. 1 DVD.

McWILLIAMS, N. **Diagnóstico Psicanalítico**: entendendo a estrutura da personalidade no processo clínico. 2. ed. Tradução de Gabriela Wondracek Linck. Porto Alegre: Artmed. 2014.

MELMAN, C. **A neurose obsessiva**. Rio de Janeiro: Companhia de Freud, 2007.

MONDIN, B. **Storia dell'Antropologia Filosofica**. Bologna: ESD, 2002. v. 2.

NASIO, J-D. **O Prazer de Ler Freud**. Rio de Janeiro: Jorge Zahar, 1999.

NASIO, J-D. **Édipo**: o complexo do qual nenhuma criança escapa. Tradução de André Telles. Rio de Janeiro: Jorge Zahar, 2007.

NASIO, J-D. **Lições sobre 7 conceitos cruciais da psicanálise**. Tradução de Vera Ribeiro. Rio de Janeiro: Zahar, 2012.

NIETZSCHE, F. **Assim falou Zaratustra**: um livro para todos e para ninguém. Tradução de Paulo César de Souza. São Paulo: Companhia das Letras, 2011.

NIETZSCHE, F. **O Anticristo**. Barueri: Camelot Editora, 2023.

REALE, G.; ANTISERI, D. **História da Filosofia**. 6. ed. São Paulo: Paulus, 2003. v. III.

RIBEIRO, M. A. C. **A Neurose Obsessiva**. Rio de Janeiro: Zahar, 2015.

SAINT-EXUPÉRY, A. de. **O principezinho**. Com aquarelas do autor. Prefácio de Valter Hugo Mãe. Porto: Livraria Lello, 2017.

SILVA, A. B. B. **Mentes ansiosas**: medo e ansiedade além dos limites. Rio de Janeiro: Editora Objetiva, 2011.

SOLOMON, A. **Um crime da solidão**: reflexões sobre o suicídio. Tradução de Berilo Vargas. São Paulo: Companhia das Letras, 2018.